日本書紀を歩く①

悲劇の皇子《みこ》たち

靍井忠義

青垣出版

はしがき

能褒野《のぼの》で力尽き、魂は白鳥となってまほろばの国へ翔んだ悲劇の英雄、日本《やまと》武尊《たけるのみこと》。猪に食い殺された麛坂《かごさか》王。新王権に屈した佐紀王権のプリンス、忍熊《おしくま》王。菟道川に沈んだ大和王権のプリンス、大山守《おおやまもり》皇子。無念の自害、宇治王朝のプリンス、菟道稚郎子《うじのわきいらつこ》。

兄に優る力量をもちながら、兄、仁徳に追われ愛の逃避行、伊勢で力尽きた隼別《はやぶさわけ》皇子。後継者争いに敗れ、難波の宮殿を焼いた住吉仲《すみのえのなか》皇子。禁断の愛に生き、皇位を棒に振った木梨軽《きなしのかる》皇子。

家宝の押木珠縵《おしきのたまかずら》を奉献した丹心（赤心）が通じなかった大草香《おおくさか》皇子。天皇を刺殺、葛城氏の家に逃げ込んだが、焼き殺された眉輪《まゆわ》王。猟に誘われてだまし討ちにあった市辺押磐《いちべのおしわ》皇子、子の億計《おけ》、弘計《をけ》王は縮見《しじみ》の里で見い出され相次いで即位。雄略天皇の最後の邪魔者として消された御馬《みま》皇子。「吉備の反乱」に賭けて敗れた星川《ほしかわ》皇子。

皇位への野心を果たせず蘇我氏に屈した穴穂部皇子、藤ノ木古墳の北側被葬者か。皇位には即いたが臣下に弑逆《しいぎゃく》された泊瀬部《はつせべ》皇子。橿原・植山古墳に母、推古女帝とともに眠った竹田《たけだ》皇子。皇位へのチャンスを二度逃し、斑鳩宮で無念の最期を遂げた山背大兄《やましろのおおえ》皇子。吉野寺に隠棲したが、中大兄皇子に討伐された古人大兄《ふるひとのおおえ》皇子。斉明女帝の「狂心《たぶれごころ》」に飲まれた有間《ありま》皇子。

壬申の乱で湖国の露と消えた大友《おおとも》皇子。あふれる才能ゆえに消される運命を背負った大津《おおつ》皇子。母、持統女帝の期待と願いむなしく東宮で露と消えた草壁《くさかべ》皇子。

非業の死を遂げた皇子《みこ》たち二十二人を紹介する。皆、『日本書紀』に登場する皇子たちである。

皇位継承争いに敗れた。はからずも権力闘争に巻き込まれた。謀られて謀反人に仕立て上げられた。「悲劇」のケースはさまざまである。大王（天皇）の子として生まれた皇子《みこ》たちは、生まれながらにして「悲劇」の運命を背負っていたともいえなくもない。ただ、肉親や家庭への愛を貫き、恋に命を懸けた皇子たちも少なくなかった。

「悲劇」の舞台を訪ね、「悲劇」の主人公の人物像、「悲劇」の時代背景などを探った。

著者

二〇一七年九月

目次

装幀／根本　眞一（クリエイティブ・コンセプト）
カバー写真〈表〉藤ノ木古墳石棺内の副葬品（橿原考古学研究所提供）
〈裏〉夕焼けの二上山（桜井市より）

悲劇の英雄
日本武尊《やまとたけるのみこと》

初期ヤマト王権は、奈良盆地東南部の三輪山周辺地域を拠点としたとみられる。日本列島で最も早く造られた巨大前方後円墳が集中して存在する地域であるからだ。時期は三世紀後半から四世紀初頭ぐらい。『古事記』や『日本書紀』に記される崇神《すじん》、垂仁《すいにん》、景行《けいこう》の三天皇の時代に当たるとみられている。三天皇の宮居はいずれも三輪山周辺地域に伝承する。

三輪山周辺地域はヤマト王権発祥の地と考えられる
（奈良県桜井市）

初期ヤマト王権が統治した範囲はよく分かっていない。近畿地方ぐらいだったのか、西日本全体だったのか、あるいは東海、北陸、関東にも及んでいたのか。ただ、列島の隅々まで統治が及んでいたわけではなかったことは確か。「まつろわぬ人々」もたくさんいた。そうした「まつろわぬ人々」を「制圧」し、王権の版図を拡大することは、古代国家建設の最大の課題であった。「英雄」が必要だった。

ヤマトタケルノミコト（『日本書紀』では日本武尊、『古事記』では倭建命）は、ヤマトの武々しい人、勇ましい人、すなわち「ヤマトの英雄」だった。『日本書紀』によると、父である第十二代景行天皇の命で、まつろわぬ人々の征服に東奔西走、大和朝廷の版図拡大に大いに貢献した。

日本武尊が九州へ熊襲《くまそ》征討に向かったのは十六歳の時だった。童女の姿に変装して宴席にまぎれ込み、熊襲の首長、川上梟師《かわかみのたける》を討つなど、華々しい戦果を収めた。『古事記』には伊勢神宮の斎主を務める叔母の倭比売命《やまとひめのみこと》から女性の衣装を授けられた話があり、女装も似合う美少年だったようだ。一方で、兄を素手でなぐり殺し、コモに包んで捨て去るような荒い気性だった、とも伝える。

熊襲征討から凱旋すると、今度は東国の蝦夷《えみし》平定を命じられ、すぐ出発した。

書記によると、伊勢神宮に立ち寄った後、駿河《するが》（静岡県）に渡り、焼津《やいづ》の野で焼き打ちに遭っている。草薙剣《くさなぎのつるぎ》で周囲の草を薙ぎ倒し、難をまぬがれた。『古事記』では、伊勢神宮から尾張（愛知県）の美夜受比売《みやずひめ》のもとに立ち寄って、ヒメと婚約を交わした後、相武《さがむ》国に行って焼き打ちに遭遇した。

静岡県焼津《やいづ》市には焼津神社《やいづじんじゃ》があり、東へ約十五キロ離れた静岡市内には草薙《くさなぎ》神社がある。いずれもこの有名な書記逸話ゆかりの地と伝承する

焼津神社境内の日本武尊像
（静岡県焼津市）

ヤマトタケルは房総半島に向かって馳水《はしりみず》（『古事記』では走水＝浦河水道）を渡ろうとした。暴風雨で、船は遭難の危機に遭遇する。しかし、同行していた弟橘媛《おとたちばなひめ》が海に身を投じると嵐は収まり、危機を脱した。記紀に共通するエピソードだ。

神奈川県横須賀市の三浦半島に走水《はしりみず》神社がある。浦賀水道に向かって弟橘媛を祭るお社が建ち、参拝道の急な階段の下には媛の入水のさまを描いた銅板の顕彰碑などがある。

浦賀水道は、東京湾から太平洋への出入口。大型貨物船などが、右へ、左へ、列をなして航行する。晴れた日には向こう岸の房総半島がよく見える。車の走るのが分かりそうな、それほどの距離だ。人身御供《ひとみごくう》をしなけれ

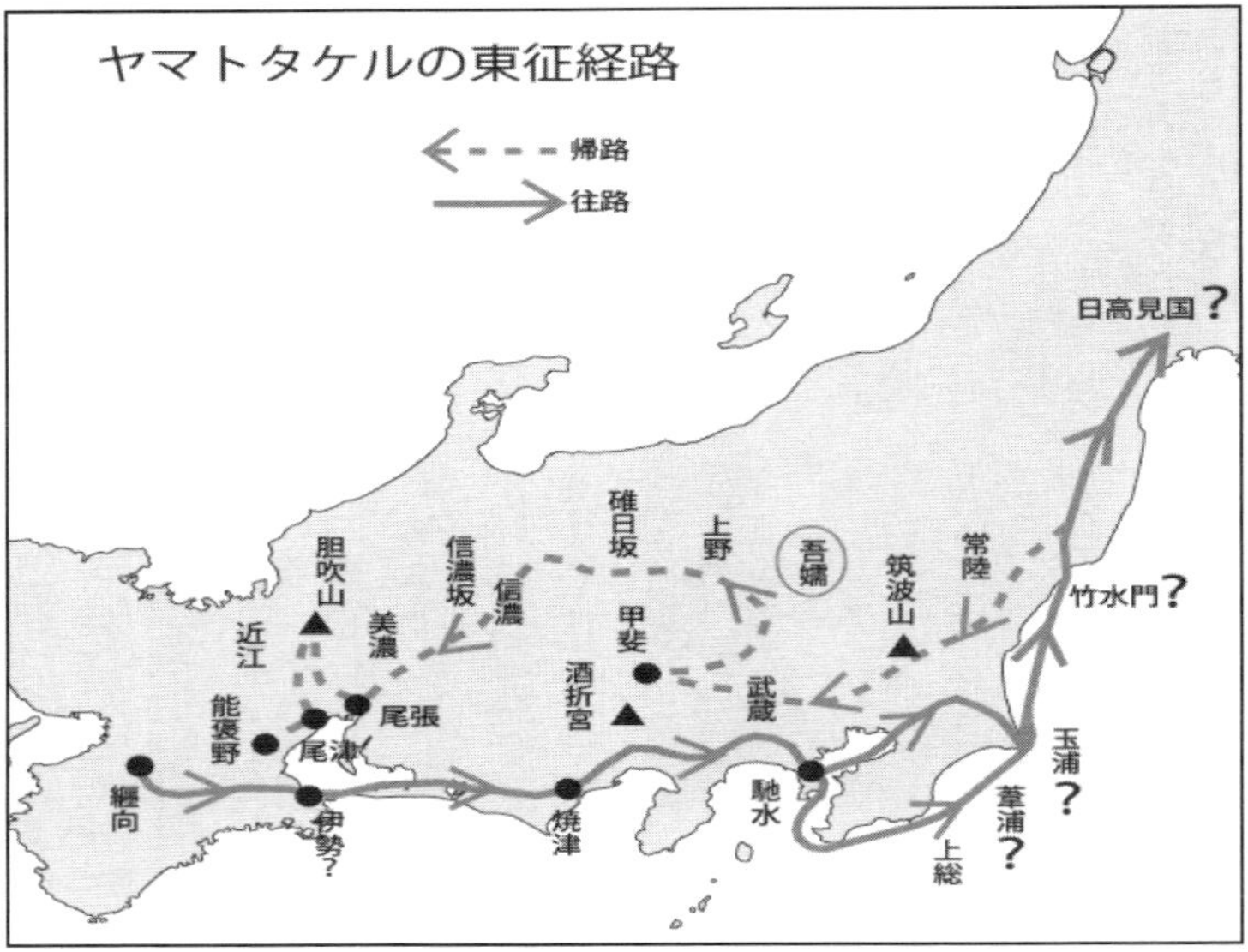

ばならなかったヤマトタケルの渡航が信じられない。

　書記は、ヤマトタケルは海路で房総半島を巡った後、日高見国《ひたかみのくに》まで行って蝦夷を制圧したように書く。常陸《ひたち》（茨城県）を経て帰還したように書いているから日高見国は福島県か宮城県あたりではなかったかとの見方が強い。

　常陸国から筑波《つくば》山のあたりを経て甲斐国（山梨県）へ入った。関東平野を斜めに横断したことになる。甲斐の酒折宮《さかおりのみや》（甲府市に伝承地）にしばらく滞在した後、武蔵《むさし》（東京都・埼玉県）、上野《かみつけの》（群馬県）を廻って、碓日坂《うすひのさか》へ至った。

　ヤマトタケルは、海に身を投じた弟橘媛のことがしきりに思い出され、思わず「吾嬬《あづま》よ」と叫んだ、という。これが、関東諸国を「あづま国」と呼ぶ起源とされている。碓日坂は群馬、長野県境の碓氷峠のことらしい。長野県の上田から群馬県吾妻郡嬬恋《つまごい》村に越える鳥居峠だったとの見方もある。『古事記』では甲斐国に入る前の足柄《あしがら》山での出来事とされている。

ヤマトタケルは、信濃（長野県）から信濃坂（神坂峠）を越えて美濃《みの》（岐阜県）、尾張に帰還。尾張氏の娘、宮簀媛《みやすひめ》（『古事記』では美夜受比売）を娶《めと》った。

ヤマトタケルの物語はもとより史実ではない。架空の人物の架空の物語に史実を探すのはおかしいだろう。この東征経路にも深い意味を考えたりしない方がいいのかもしれない。しかし、ヤマト王権の勢力範囲、東国に対する意識、古代の交通路などを推測するヒントが数多く潜んでいるような気がしてならない。

JR 軽井沢駅より碓氷峠方面を望む。
峠を下れば「あづま国」

例えば、東国・関東へは、東海道と東山道《とうさんどう》が早くから開かれていたことが東征コースから推測できる。東海道だが、書記では伊勢から直ぐに駿河《するが》に渡っているのが興味深い。志摩半島から伊勢湾口を横切り渥美《あつみ》半島へ向うか、あるいは同半島沿いに浜名湖・浜松方面へ向かった可能性がある。古代において、こうした海路も東国へ向かう交通路としてよく用いられた可能性を示唆するのである。

関東においても、相模《さがみ》から浦賀水道を渡って房総半島へ、さらに常陸へ、東北へと行く海路が大いに開けていたように推測できる。古代の東海道は文字通り「海の道」だったのかも知れない。

常陸から筑波を経て甲斐に入り、武蔵、上野を経て碓氷峠へ向かったヤマトタケルの帰還コースも興味深いものがある。碓氷峠の下はいまは北陸新幹線が突っ走り、軽井沢駅にほど近い。

信濃路を経て神坂《かみさか》峠を越えで美濃・尾張へ戻るルートは後の中山道《なかせんどう》だ。地図を広げてみれば、群馬の近さに驚かされる。実際、名古屋からJRを利用して長野経由で前橋へ行く運賃は、東京回りで行くよりうんと安い。JRの運賃は距離に比例することはいうまでもない。山越えの悪路をいとわなければ、中山道こそ西国と関東を結ぶ最短ルートだったのだ。

ヤマトタケルは、宮簀媛のもとに幾月か滞在した後、胆吹山《いぶきやま》（伊吹山＝滋賀・岐阜県境）の荒ぶる神を討ちに出かけた。ところが、胆吹《いぶき》山の神の毒気に襲われ、やっとのことで

伊吹山。日本武尊は荒ぶる神の毒気に襲われ力尽きた

伊勢の尾津《おづ》（三重県）を経て能褒野《のぼの》まで辿《たど》り着いたが、力尽きた。

倭《やまと》は　国のまほろば　たたなづく　青垣
山ごもれる　倭しうるはし

名高い「国しぬび歌」は、書記では、景行天皇が熊襲征討のとき、日向《ひゅうが》（宮崎県）の子湯県《こゆのあがた》で都をしのんで詠んだ、とするが、『古事記』では、倭建命が東征の帰路、力尽きた能褒野（三重県）で詠んだ、とする。

ヤマトタケルの西征、東征の物語は、史実ではないが、三～四世紀ごろ、ヤマト王権が西国と東国に勢力を伸ばした事実がある程度反映されている、との見方は少なくない。

『古事記』によると、熊襲征討から帰還す

るとすぐに東国平定を命じられたヤマトタケルは、伊勢神宮に立ち寄って倭比売《やまとのひめ》に「天皇はすでに吾に死ねと思ほすゆえか」と涙にくれたと記す。なつかしい大和を目前に病に倒れ、命を落とし、魂は白鳥となって帰るヤマトタケルは、まさに悲劇の英雄だった。「大和は国のまほろば…」と歌い上げる望郷歌には、タケルの無念の思いがほとばしる。

麛坂王《かごさか》
大阪・梅田で猪に食い殺された

麛坂王は兎餓野《とがの》（いまの大阪・梅田付近）で猪に食い殺された。自ら主催した祈狩《うけいがり》の最中、急に飛び出してきた赤猪に襲われ、食い殺されたという。まことに悲劇の皇子である。

祈狩は、戦の勝否を占う狩猟のことで、狩猟の成果に戦勝の祈願を込めたと伝えられる。同行していた弟の忍熊《おしくま》王は「これは、た

兎餓野。梅田の東、キタの繁華街の一角である。

いへん不吉な前兆である。ここでは戦えない」と、すぐさま全軍を住吉に退却させた、と『日本書紀』は伝える。

復元された五色塚古墳㊤、明石海峡を望む地にある
（兵庫県明石市）

兎餓野は現在の大阪市中央区兎我野町付近と伝える。梅田のすぐ東側、新御堂筋を越えたあたり、大阪・キタの繁華街だ。住吉は、南方約一〇キロ、住吉《すみよし》大社付近とみていいだろう。

麛坂王と忍熊王の兄弟は、「三韓征伐」で有名な神功《じんぐう》皇后（気長足姫尊《おきながたらしひめのみこと》）と皇后が生んだ幼い弟皇子が九州からヤマトに上ってくるのを阻止しようと出兵、大阪湾岸を固めている最中の出来事だった。兵庫県の赤石《あかし》（明石）付近でも天皇のための陵を造るふりをして兵を待機させていた、と伝える。

神功皇后が生んだ弟皇子と

は、誉田別皇子《ほむたわけ》。後の応神天皇《おうじん》である。父は仲哀天皇《ちゅうあい》とされる。

麛坂王と忍熊王の父も仲哀天皇。母は彦人大兄の娘の大中姫、同母兄弟だった。最終的には神功皇后、誉田別皇子側が勝利。兄である麛坂王と忍熊王は都の地に戻ろうとした弟王に対して「謀略」をめぐらし、「反乱」を起こしたことになっている。

記紀によると、神功皇后は、海を渡り、財土《たからのくに》の新羅を攻めた英傑だった。書紀は次のようなエピソードを載せる。

仲哀天皇は、熊襲《くまそ》征討のために九州に行き、儺県《ながあがた》の橿日宮《かしひのみや》に居た。その時、皇后に神が降って、

「熊襲は荒れ果てた不毛の地。海のかなたには、金、銀、採色などがたくさんある宝の国がある。栲衾新羅国《たくぶすましらぎ》という。もしよく私を祭ればその国は自然に服してくるだろう」

と託宣《たくせん》した。

天皇は、

「遠くを見たが、海だけで国はない」

と疑いの気持ちを述べた。

すると、その神はまた皇后にかかり、

「どうしても信じられないのなら、あなたはその国を得ることはできない。いま、皇后は懐妊した。その子が、その国を得ることになるだろう」

と託宣した。

しかしなおも天皇は信じられず、強引に

熊襲を攻めたが勝利できず、翌年、急死（一説では戦死）した。

〈巻第七・仲哀天皇〉

神功皇后は、自らが先頭に立ち、財宝の国―新羅国を攻める。臨月を迎えていた皇后は、石を腰にはさみ斧《おの》と鉞《まさかり》を振り上げて軍を指揮した、と書紀は書く。風の神は風を起こし、波の神は波を起こし、海の中の魚たちがことごとく船を押し上げ、楫《かい》も使わずに新羅に至り、潮は国の中まで満ちおよんだ、とも書く。

神功皇后のいわゆる「三韓征伐」。戦前の『尋常小學國史』（文部省）でも次のように書いていた。

> 軍船海にみちく〳〵御勢すこぶる盛なりしかば、新羅王大いに恐れていはく、「東の方に日本といふ神国ありて、天皇といふすぐれたる君いますと聞く。今来されるは、必ず日本の神兵ならん。いかでかふせぎ得べき」と。ただちに白旗をあげて降参し、皇后の御前にちかひて、「たとひ太陽西より出て、川の水さかさまに流る時ありとも毎年の貢はおこたり申さで」といへり。

書紀は、この時、高麗《こま》（高句麗）と百済《くだら》も降伏し、「内宮家屯倉《うちつみやけ》」を定めた。つまり、朝鮮半島諸国を属国にし、任那日本府を置いた、というように書く。

戦前、軍国主義日本の半島・大陸への進攻の精神的支柱とさえなっていたこの物語は、戦後は一転、教科書どころか、歴史研究者らにも無視されるようになった。仲哀天皇も神功皇后も架空の人物とされ、従って、半島への軍事行動は架空の物語とされ続けている。

応神天皇生誕の地と伝える「宇彌」㊤宇美神社境内には「産湯の水」なども伝える㊦（福岡県宇美町）

記紀によると、神功皇后は新羅から凱旋し、宇彌《うみ》（福岡県宇美町と伝承）で出産した。この皇子こそ誉田別《ほむたわけ》皇子、のちの応神天皇とされる。母、神功皇后とともにヤマト（畿内）に帰還しようとした時、麛坂王と忍熊王の反乱があったのだが、結果は神功・応神側の大勝利、畿内に「河内王権」ともよばれるかつてない強大王権をうち立てることになる。

神功・応神側からいえば、兄たちというよりは畿内勢力を打ち破ってヤマト入りを果たした、ともいえる。

だいたい、仲哀天皇の実在を考える研究者はほとんどいない。麛坂王・忍熊王と応神との血のつながりはほとんど信じられない。そんなことから、九州あるいは朝鮮半島から東遷し、従来からのヤマト王権を服属させて新王権を樹立した歴史事実を反映した物語とも解釈できる。

「神功皇后はいなかった」と主張する研究者の多くは、応神天皇という人物についてはその実在性を否定しない。むしろ、「実在が確実な最初の天皇」という評価が多い。

「神武東征伝承」や「騎馬民族征服王朝説」とからめることはしなくとも、記紀を素直に読めば、応神と北九州や朝鮮半島との強いつながりを推測せざるを得ない。王権の東遷も推理できる。果たして、どこまでが架空で、どこまでが真理なのだろうか。

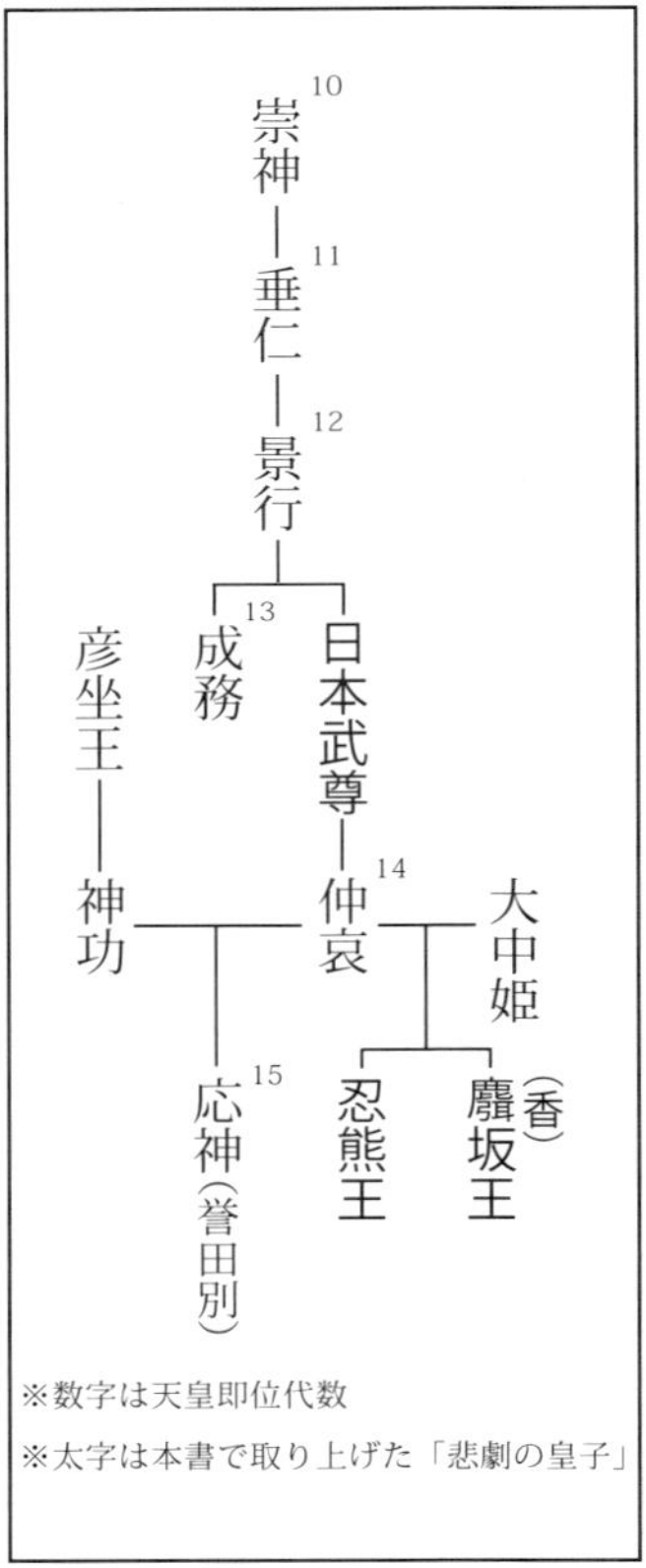

新王権に屈した佐紀王権のプリンス

忍熊《おしくま》王

赤猪に食い殺されるという麛坂《かごさか》王の不意の死に遭遇し、弟の忍熊《おしくま》王は軍を率いて住吉《すみのえ》に退却した。神功《じんぐう》皇后と誉田別《ほむたわけ》皇子（のちの応《おう》神《じん》天皇）の大阪湾からの上陸を阻止しようと住吉に陣を張ったのである。

日本書紀によると、皇后は船団を紀伊水門（紀伊水道）に停泊させ、難波を目指して何度も上陸作戦を試みたが、船が湾内をぐるぐ

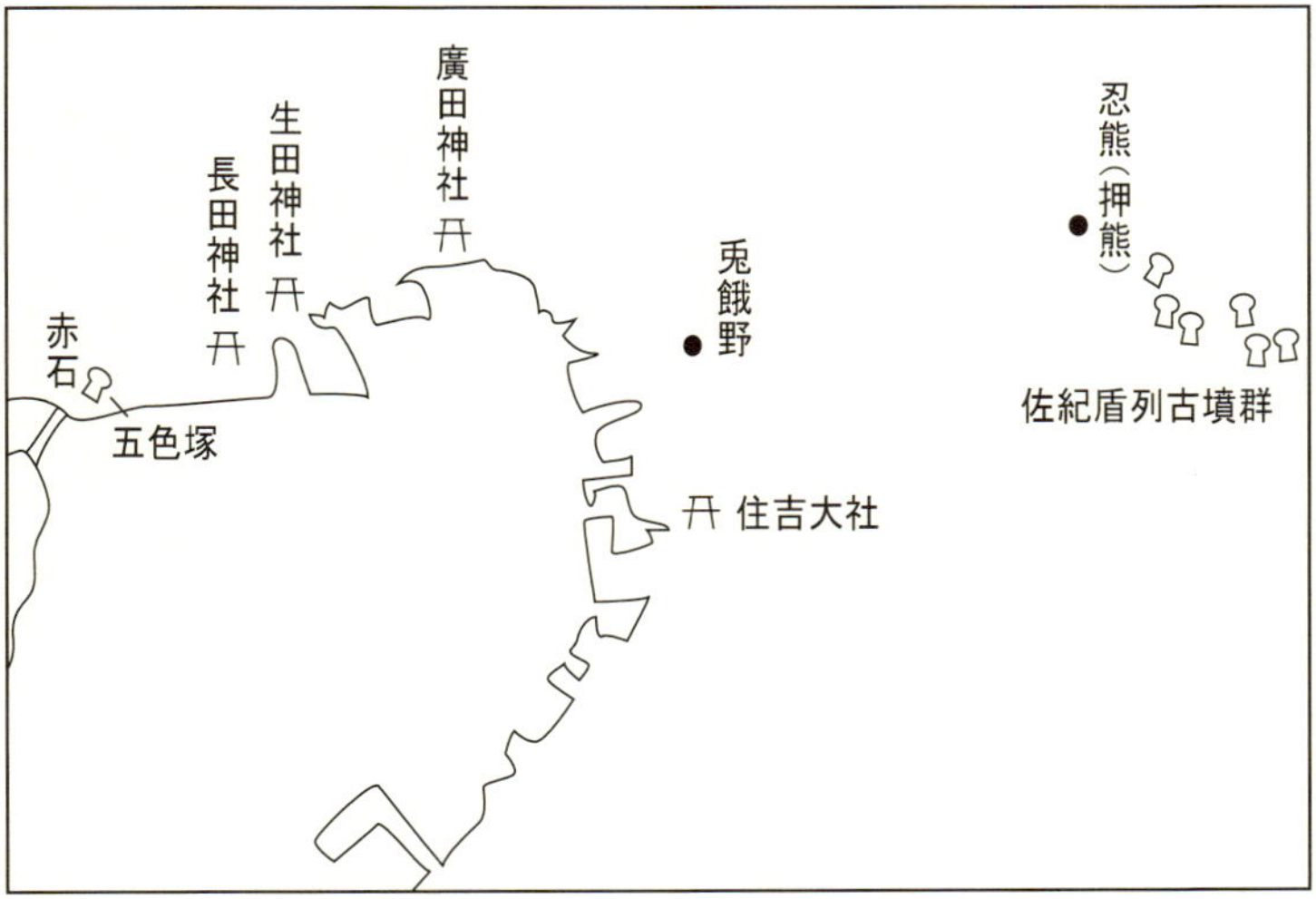

る回って前へ進まなかった。占ったところ、天照《あまてらす》大神は「我が荒魂《あらみたま》を祭れ」という。そこで、廣田《ひろた》、活田《いくた》、長田《ながた》の地に鎮め祭った。

住吉大社。忍熊王は、神功皇后と誉田別皇子を阻止しようと陣を張るが、やがて神功・応神側の聖地となる（大阪市住吉区）

また、表筒男《うわつつのお》・中筒男《なかつつのお》・底筒男《そこつつのお》の三柱の神を渟中倉《ぬなくら》の長峡《ながお》に祭ったら、平穏に航海できるようになった、と書く。

西宮市大社町の廣田神社、神戸市生田区の生田神社、神戸市長田区の長田神社、そして大阪市住吉区の住吉神社の社地がその故地に当たるとされる。

さらに、南方の紀伊国の日高に行き、小竹《し》宮《のみや》に滞在中、男子二人を合葬する「阿豆那比《あずなび》の罪」によって昼が夜のように薄暗くなる不思議な体験をしたというような出来事を挿入する。

神功・応神軍は総攻撃に出た。忍熊王は菟《う》道《じ》(宇治)まで退却した。両軍は菟道川(宇治川)をはさんで対峙した。が、勝負はあっけない幕切れとなった。忍熊王はよほど人が良かったのか、敵将の武内宿彌《たけしうちのすくね》の嘘言にまんまとひっかかった。やすやすとあざむかれたのである。

日本書紀は、武内宿彌が「幼い王（誉田別皇子のこと）はあなたに従おうとしている」と講和を申し出、この言葉をまにうけた忍熊王が武器を河に投げ入れ、弓づるを切ったところ、控えの弓づるを髪の中に隠していた神功・応神軍の攻撃を受け、大敗を喫したと書く。『古事記』にもほぼ同様の記事があるが、武内宿彌ではなく建振熊命《たけふるくまのみこと》が、「息長帯比売《おきながたらしひめ》命《のみこと》（神功皇后）は既に亡くなった」と嘘を言ってだまし討ちしたことになっている。

忍熊王は菟道川を逆上って逃げた。近江の琵琶湖に出る。逢坂《おうさか》（大津市付近）での戦いでまた敗れ、狭狭浪《ささなみ》の栗林《くるす》（大津市膳所《ぜぜ》付近にあったと伝承する）での戦いでさらに多数の兵士が切られ、逃げ場を失った。最後は、瀬田の済《わたり》（大津市瀬田付近）に飛び込んで死んだ。

田上《たのかみ》を過ぎるあたりの瀬田川。下流は菟道（宇治）川
（滋賀県大津市）

遺骸は瀬田川を流され、日数が経ってから下流の菟道川で発見されたという。

逢海《あふみ》の海《み》　瀬田の済《わたり》に　潜《かづ》く鳥　田上《たなかみ》過ぎて　菟道に捕へつ

〈巻第九・神功皇后〉

この戦いを経て、神功・応神軍は大和入りを果たし、磐余《いわれ》の宮を造って誉田別《ほむたわけ》皇子を皇太子に立てたとする。

塚口義信氏は、忍熊王の名は、奈良市押熊町などにその名をとどめる「忍熊里《おくくま》」に由来する、とみる。いまは奈良市北部の新興住宅地、関西学術研究都市の京都府精華町のニュータウンと隣接する。

塚口氏は、忍熊王の勢力基盤は、大和北部から山城南部、摂津、河内北部、近江、丹波にかけての地域（いまの奈良県北部、京都府南部、

忍熊の里。奈良市北部の新興住宅地
（奈良市押熊町）

大阪府北部、兵庫県東南部、滋賀県など近畿地方中央部）にあり、四世紀の後半、奈良盆地北部に突如として登場した巨大古墳群―佐紀《さき》盾列《たたなみ》古墳群を築いた政治集団と一致するとみなす。

「佐紀政権」「佐紀王権」とも呼べるこの政治集団は四世紀後半、大和平野南部の三輪山周辺地域を拠点とした王権（初期ヤマト王権）から倭国の覇権を引き継ぎ、木津《きづ》川（淀川）水系を掌握して突出した政治権力を形成していたとみる。そのことは、仲哀《ちゅうあい》の前の成《せい》務《む》天皇の宮居が「近淡海《ちかつおうみ》の志賀の高穴穂宮《たかあなほのみや》」、そして葬られたのが佐紀盾列古墳群内（佐紀石塚山古墳）と伝承されていることなどからも推論できるとする。

　麛坂王と忍熊王は、その「佐紀王権」、つ

佐紀盾列古墳群

まりヤマト王権の正統な後継者であったにもかかわらず、神功・応神に謀反を企てた反逆者とされた、と塚口氏は考える。〈塚口義信『ヤマト王権の謎をとく』（学生社）などによる〉

考古学的にみて四世紀の後半から末ごろにかけて、列島内で最大規模の古墳の造成地が三輪山周辺地域から佐紀盾列古墳群に移ったことは間違いないところとされる。やがて五世紀になると河内の古市や百舌鳥《もず》に移る。

このことは、単に葬地が移っただけとの解釈もなくはないが、纒向・三輪王権から佐紀・佐保王権、さらに河内（古市・百舌鳥）王権への政権交替を推測しても決して不自然ではない。

記紀でも三つの王権の相克と解釈できる出来事をいくつか伝える。その一つが、崇神《すじん》天皇の時代の出来事とされる「武埴安彦《たけはにやすびこ》の反乱」。大和の朝廷軍は、那羅《なら》山を越えて挑河《いどみかわ》（泉河《いずかわ》＝木津川）をはさんで対峙、反乱軍を撃破した、と書く。

記事中には、羽振苑《はふりその》（京都府精華町祝園付近が伝承地）、我君《あぎ》（木津川市平尾の涌森付近が伝承地）、伽和羅《かわら》（京田辺市河原が伝承地）、樟葉《くすば》（大阪府枚方市樟葉が伝承地）などの地名も見え、山城南部から北河内にかけての地が戦場となったことを伝える。つまり、武埴安彦は、淀川、木津川流域の山城南部から北河内一帯を本拠地としていたことがうかがえるのである。

また、次の第十一代垂仁《すいにん》天皇の時代、皇后・狭穂《さほ》姫の兄狭穂彦《さほびこ》が謀反を企て、狭穂姫は焼け落ちる稲城の中に入り兄と運命を伴にした事件があったと伝える。これも「佐保王権」、あるいは「佐紀王権」とヤマト王権との確執を伝えるものと解釈することも可能だ。

そして、佐紀・佐保王権が、次に台頭した河内王権との新たな「確執」を伝えるのが麛坂王・忍坂王の憤死だったのだろうか。二つの悲劇の謎は、まだ解けていない。

菟道川に沈んだ大和のプリンス

大山守皇子《おおやまもり》

応神《おうじん》天皇の子は、男女合わせて二十人いた、と『日本書紀』は伝える。（『古事記』では二十六人としている）。大山守皇子《おおやまもり》（大山守命）は、皇后（仲姫《なかつひめ》）の姉の高城入姫《たかきのいりひめ》から生まれた、年長の皇子だった。

応神天皇はその四十年の春正月、大山守命と大鷦鷯尊《おおさざきのみこと》（のちの仁徳《にんとく》天皇）を召し、「お前たちは子をかわいいと思うか」

と尋ねた。二人とも

「たいへんかわいいと思います」

と答えた。

天皇は重ねて、

「長子と少子のいずれが秀れているか」

と尋ねた。大山守命は

「長子がすぐれていると思う」

と答えた。天皇の悦ばない顔色を察した大鷦鷯尊は

「長子は多くの寒暑を経て成人していて心配ないが、少子は先のことが分からず甚だ憐れだと思う」

と答えた。

〈巻第十・応神天皇〉

天皇は年少の菟道稚郎子《うじのわきいらつこ》を後継にと考えていたところだった。菟道稚郎子を皇太子に任命し、意にかなう答弁をした大鷦鷯尊を太子の輔として国事を執らせた。

応神天皇の子供たち

応神
- 稚野毛二派皇子
- 額田大中彦
- 大山守皇子
- 大鷦鷯尊（仁徳）
- 菟道稚郎子
- 八田皇女
- 雌鳥皇女
- 稚野毛二派皇子
- 隼別皇子

これに対して、答弁が意にかなわなかった大山守命には山川林野を掌る任を与えた。どのような任務だったかはいま一つはっきりしないが、政治の表舞台からの追放であったことは間違いない。大山守命は、失言を後悔しただろうが、後の祭りだった。

そんなことがあって翌年、応神天皇は亡くなった。皇太子の菟道稚郎子は、次の皇位を兄である大鷦鷯尊に譲ろうとしてなかなか即位しようとしなかった。大鷦鷯尊は「先帝の命《めい》を棄てるわけにはいかない」と固辞し、互いに譲り合った。そんな時の出来事として『日本書紀』は次のような記事を載せる。

額田大中彦《ぬかたのおおなかつひこ》皇子（大山守皇子の同母兄）

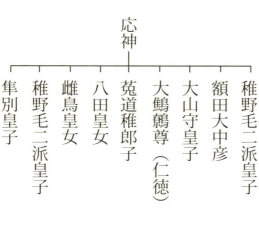

は、倭《やまと》の屯田《みた》と屯倉《みやけ》を掌《つかさど》ろうとして、
淤宇宿祢《おうのすくね》に対して
「もともと山守の地であるので私が治める。おまえは掌る必要ない」
と話した。
淤宇宿祢は太子の菟道稚郎子《うじのわきいらつこ》にこのことを告げた。菟道稚郎子は
「大鷦鷯尊《おおさざきのみこと》に申し上げなさい」と答えた。
そこで淤宇宿祢は大鷦鷯尊に、
「大中彦皇子が邪推して、私が預かっている屯田を治めさせません」
と訴えた。これを聞いた大鷦鷯尊は倭直《やまとのあたい》の祖である麻呂に
「倭の屯田を山守の地というのはどうしてか」と尋ねた。麻呂は
「私の弟の吾子籠《あごこ》だけは知っています」
と答えた。
吾子籠は韓《から》国に派遣されていた、大鷦鷯尊は淤宇に、急いで韓国へ行って呼び戻してくるように命じた。帰ってきた吾子籠は
「纏向玉城宮御宇天皇《まきむくのたまきのみやにあめのしたしらしし》（垂仁《すいじん》天皇）の御世に大足彦尊《おおたらしひこのみこと》（景行《けいこう》天皇）に科せられて倭の屯田を定められた、と伝え聞きます。この時、（天皇は）『倭の屯田は帝皇の屯田、たとえ天皇の子でも掌ることはできない』と仰せられています。だから、山守の地というのは間違いです」
と答えた。
額田大中彦皇子は何も言うことができなかった。こうした経緯があって、大山守皇子は
「皇太子を殺そう」

と反乱を決意した。

〈巻第十一・仁徳天皇〉

　応神天皇の多くの皇子たちは後継皇位をめぐって割れ、争った。まずは、高城入姫から生まれた額田大中彦、大山守の二皇子が、皇太子に任命されていた菟道稚郎子とその後援者だった大鷦鷯尊と対立、反旗を翻したことになっている。

　きっかけは、「倭《やまと》の屯田《みた》」の管掌権をめぐる争いだったと書紀は伝える。記事は、「倭の屯田」は王権の直轄地であること、天皇でなければ何人といえど管掌できないことを強調している。

　「倭の屯田」はどこにあったか、必ずしも明確ではないが、纒向に宮都を置いたとされる垂仁、景行天皇の初期ヤマト王権の時代から王権の本拠地付近に存在した穀倉地のこ

大和平野には豊かな水田が広がる。「大和のミヤケ」は大和王権の直轄地だった（奈良県三宅町）

とだったことが推測できる。大和平野南部一帯、三輪山西方に広がる磯城《しき》郡や十市《とおち》郡の肥沃な平地とみて間違いないだろう。

それほどに王権にとって重要だったはずの「倭の屯田」の管掌権がよく分からなくなっていたこと、さらにその管掌権をめぐって皇子同士が争ったことは、不思議といえば不思議である。河内を本拠とする応神王権が本貫地であるはずの大和のことを忘れていたこと、つまり、大和を新たに掌握したことを物語るエピソードと解釈できるのだろうか。

大山守は、数百の兵を率いて夜半に出発、菟道稚郎子の居る菟道《うじ》（宇治）を目指した。明け方、菟道に到着し、菟道川を渡ろうとした。ところが、菟道稚郎子は、粗末な布袍《あさのみそ》を着て渡子《わたしもり》に変装していた。大山守の乗った船のカジを取り、河のまん中で船を傾けて大山守を河に落とした。大山守は流され、溺死してしまった。屍は考羅済《かわらのわたり》に浮かんだ。

大山守皇子の反乱を事前に察知した大鷦鷯尊が、太子の菟道稚郎子に兵の備えを忠告していたのである。

河に落ちた大山守皇子は、「ちはや人　菟道の渡《わたり》に　棹《さお》取りに　速けむ人し　我が対手《もこ》に来む（菟道の渡しで巧みに船を操る人、早く助けて）」と、懸命に救いを求めながら流されていったと伝える。まことにあわれな最期であった。那羅山に葬られたと伝える。

『古事記』にも同様の話がある。「考羅《かわら》」（「記」では「訶和羅」）は、現在の京都府京田辺市河

木津川（京都府井手町）

原と伝承する。ここを流れる川は宇治川ではなく木津川。一〇キロ程下流で宇治川と合流して淀川となる。京都府南部一帯が「菟道」だったのだろうか。

大山守皇子那羅山墓（奈良市法蓮町）

考羅（詞和羅）済を木津川、宇治川、桂川の合流点、つまり京都府八幡市の石清水八幡宮のある男山の北側付近との考察もある。

大山守が葬られたという「那羅山《ならやま》」（「記」では「那良山」）の墓は奈良市法蓮町の奈良山丘陵の一角にある。佐紀盾列古墳群の一角でもあるが、直径一〇メートルにも満たない小さな円墳に治定されている。

忍熊王も瀬田の済《わたり》から流され、日が経ってから菟道河に死体が浮かんだと伝えていた。大和ゆかりの皇子たちの末路は実によく似ている。「河内王権」の立役者たちに敗れ、山背（山城）の地の淀川の上流で無残な水死を遂げた。もしかすると、大和の王権が淀川を上ってきた新勢力に滅ぼされたことを繰り返し語っているのかもしれない。

無念の自害、宇治王朝のプリンス

菟道稚郎子《うじのわきいらつこ》

菟道稚郎子《うじのわきいらつこ》は、「少子は可憐なもの」とする父応神天皇によって皇太子に立てられていた。母は、和珥《わに》臣の祖の日触使主《ひふれのおみ》の女《むすめ》である宮主宅媛《みやぬしやかひめ》だったと伝える。和珥氏の系譜に属する皇子だった。

応神が亡くなると、「弟の身で帝位には就けない」と強く即位を拒む。皇后の仲姫が産んだ大鷦鷯尊《おおさざきのみこと》（後の仁徳天皇）に皇位を譲ろうとする。大鷦鷯は「先帝の命《めい》を棄てて弟王の願いに従うことはできない」と強く拒否した。

菟道。菟道（宇治）川沿いに「宇治王朝」があったか
（京都府宇治市）

そうこうしているうちに大山守皇子《おおやまもり》の反乱があった。菟道稚郎子は菟道《うじ》川の渡子《わたしもり》に変装して攻め入ってきた大山守を水死させて難を免れたが、なお即位しようとしなかった。譲り合いは三年に及び、海人から献上された鮮魚を譲り合って菟道と難波《なにわ》の間で何度も往還、そのうちに腐ってしまったというようなエピソードを記紀ともに載せる。

ところがまもなく、菟道稚郎子はあっけなくこの世を去った。『紀』は「早く崩じた」とだけ書く。『記』の方は「私は兄王の志を奪うべきでないことを知っている」と、自害したように伝える。兄の大鷦鷯が難波より駆け付けると、死後三日が経過していたにもかかわらず蘇生し、同母妹の八田皇女《やたのひめみこ》を妃に献じた、という信じられないエピソードも付け加える。

こうして大鷦鷯が即位、仁徳《にんとく》天皇となった。難波高津宮《なにわのたかつのみや》に都した。家々から煙が立ち上らないのを見て税を免除、宮居が荒れはてても百姓が豊かになるのを待ったというあの〝聖帝〟である。堺市にある、全長四八六メートル《メー トル》、世界一の規模といわれる大山《だいせん》古墳の主とされる。

その理由は明らかではないが、記紀は、仁徳を徹底して「徳の高い天皇」として描く。応神亡き後の後継争いに関与していたようには伝えない。しかし、『紀』の菟道雅郎子の自害は何か示唆的だ。自害の動機となった「兄の王の志」とは〝次の帝位〟だったとしか読みようがない。先帝が決めていた後継の椅子

を謙譲し、自らを死に至らしめなければならなかった菟道雅郎子の苦悩と無念が伝わって

宇治上神社（京都府宇治市）

くるのである。
ともかくも、大和の大山守と菟道（宇治）の菟道雅郎子が相次いで倒れ、仁徳が生き残り、難波の時代が確立した。

菟道雅郎皇子は菟道《うじ》に宮室を建てていたという。『山城国風土記』では「桐原《きりはら》の日桁宮《ひけたのみや》」とする。京都府宇治市宇治山田にある宇治上神社がその伝承地。宇治川をはさんで平等院《びょうどういん》と向かい合う地である。西北約七〇〇メートルの同市菟道丸山にある丸山古墳を皇子の墓と伝える。

『山城国風土記』には宇治は元の名を「許《こ》乃国《のくに》」といったとあり、これを邪馬台国と対立した「狗奴《くぬ》国」と解釈する考え方もある。

山城南部から北河内一帯の淀川・木津川・

宇治川流域の古代史に占める重要性は既に「忍熊《おしくま》王」編や「大山守《おおやまもり》皇子」編で触れた。和珥氏や武埴安彦《たけはにやすひこ》や忍熊王が本拠とした地である。

菟道稚郎子の墓（京都府宇治市）

『紀』によると、菟道稚郎子は、百済から渡来した王仁《わに》を師とし、学問を習ったとい

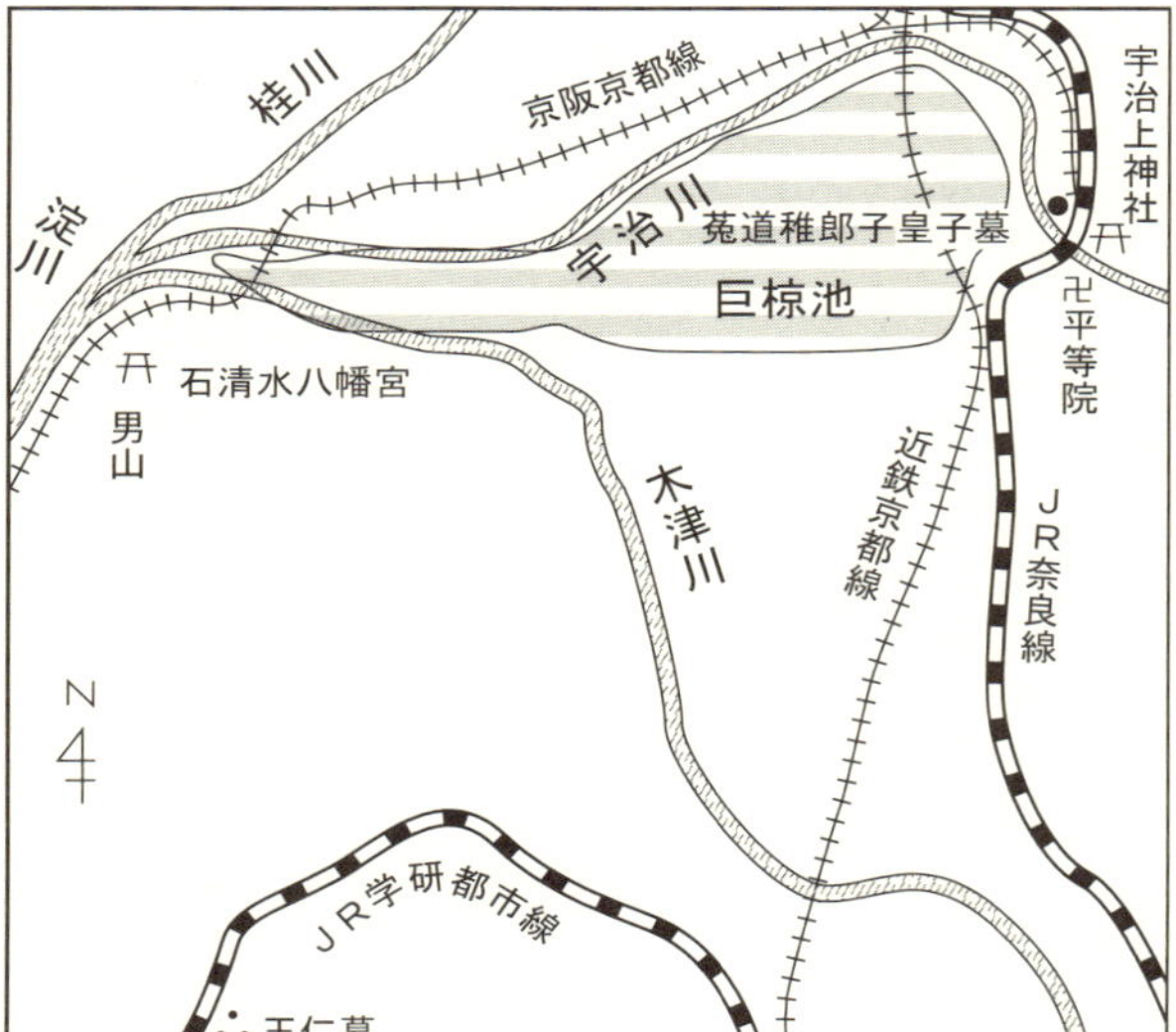

う。王仁（和邇吉師《わにきし》）は『論語』と『千字文』一巻をもたらした知識人だったと『紀』は伝える。鍛冶や縫製の技術者も同道してきた。縫製の技術者は「呉服」を伝えた。百済からの渡来人だったようだが、中国江南地方とのつながりも無視できないところがある。渡来氏族の書首《ふみのおびと》らの始祖とされる。

　森浩一氏は、こうした記紀の叙述と照らし合わせて大阪府枚方市藤阪東町に「王仁墓」の伝承地があることに注目する。十八世紀ごろに建てられたらしい「博士王仁之墓」の石碑があり、周辺は「王仁公園」として整備されている。

　この地と王仁とのつながりを示す確かな文献記録や遺跡があるわけではないのだが、森氏は「丘陵の背後をこすと京都府南部（南山城）

王仁墓（大阪府枚方市）

である」ことに着目する。「枚方と宇治は、直線距離で一八キロほどのところにあり、ともに淀川水系でつながっている」と、山城南部と北河内勢力の広がりを推測する。（『記紀の考古学』）

森氏はまた、菟道稚郎子について同書に、「宇治の木幡《こわた》にあったと推定される山背のワニ氏の家で生まれ育ち、その地域の王的存在になったと推定される。だから少しオーバーに表現すれば、ある段階では宇治王朝（『宇治市史』で使われていることば）の王的な存在とみられる」と書く。

そういうことならば、菟道稚郎子の自害はやはり、仁徳＝難波の王権への無念の屈服とみなさざるを得ない。

兄に追われ愛の逃避行
隼別皇子《はやぶさわけ》

記紀ともに、隼別皇子《はやぶさわけ》と雌鳥皇女《めとりのひめみこ》の「愛の逃避行」の話が載る。隼別皇子と雌鳥皇女は、ともに応神天皇の子。仁徳天皇の母違いの弟と妹だが、三人とも母は異なる。田辺聖子の小説「隼別王子の叛乱」でも知られるロマンスは、悲しい恋の物語だ。

仁徳紀は次のように伝える。

天皇（仁徳）は、雌鳥皇女《めとりのひめみこ》を妃にしようと考え、隼別皇子《はやぶさわけ》を仲人に立てた。ところが隼別は雌鳥と親しくなってしまって、復命しなかった。

ある日、天皇が雌鳥のもとを訪れると、機織《はたお》りの女たちが

「雌鳥は隼別のために織物を織っている」

と告げた。天皇は二人が通じ合っていることを知ったが、じっと耐えていた。

ある日、隼別が雌鳥に

「鷦鷯《さざき》（仁徳天皇のこと）と隼《はやぶさ》とどちらが速いか」

と尋ねた。雌鳥は

「隼が速い」と答えた。隼別は

「私が先に立つところだ」

と言った。

倉梯山。桜井市の南側に連なる竜門山塊の険しい山々とみられる（桜井市倉橋）

皇子の舎人《とねり》たちも歌を詠んだ。

隼は　天《あめ》に上り　飛び翔《かけ》り
斎《いつき》が上の　鷦鷯《さざき》取らさぬ

〈巻第十一・仁徳天皇〉

歌意は「隼は天に向かって飛び上がり、斎場の上にいる鷦鷯を取ってしまいなさい」というような内容。謀反の宣言だった。

天皇は怒り、隼別の討伐を命じた。隼別は、雌鳥とともに倉梯《くらはし》山を越え、菟田《うだ》から素珥《そに》山を経て伊勢（三重県）方面へ逃げた。

梯立《はしたて》の　嶮《さが》しき山も　我妹子《わぎもこ》と
二人越ゆれば　安蓆《やすむしろ》かも

〈巻第十一・仁徳天皇〉

「梯《はし》を立てたようなけわしい山も、二人で越えれば蓆《むしろ》に座っているかのように安らかである」。まさに「愛の逃避行」であった。

ススキの名所として知られる曽爾高原
（奈良県曽爾村）

「梯立の」は倉梯にかかる枕詞。倉梯の地は、現在の桜井市倉橋付近。竜門山麓の北裾で、多武峰を源流とする寺《てら》川（倉橋川）が流れ、多武峰街道が通じる。倉梯山という名前の山はいまは存在しないが、竜門山塊の一部で、大和平野と菟田を隔てる音羽《おとわ》山か熊ヶ岳のこととみられる。

素珥《そに》山はいまの曽爾《そに》村の曽爾高原のことだろう。倉橋からは東へ二五キロ程離れている素珥山では「草の中に隠れて、追っ手から逃れることができた」と書くが、曽爾高原はいまもススキの名所、その名は全国に知られる。ススキの原野は古代からあったのだろうか。

追っ手は、伊勢の蔣代野《こもしろの》で二人に追いつき、二人とも殺害した。屍は、廬杵《いおき》河のほとりに埋めた、とする。

蒋代野の場所は定かでない。廬杵河は台高山地、青山高原を水源とし三重県津市で伊湾に注ぐ雲出《くもず》川のこととされる。

廬杵（城）の候補地は、旧一志郡白山町の家城《いえき》（現津市）、日置郷があった旧久居市（現津市）あたりが候補地。曽爾から美杉村を経て雲出川沿いに伊勢平野へ出る途中に位置する。

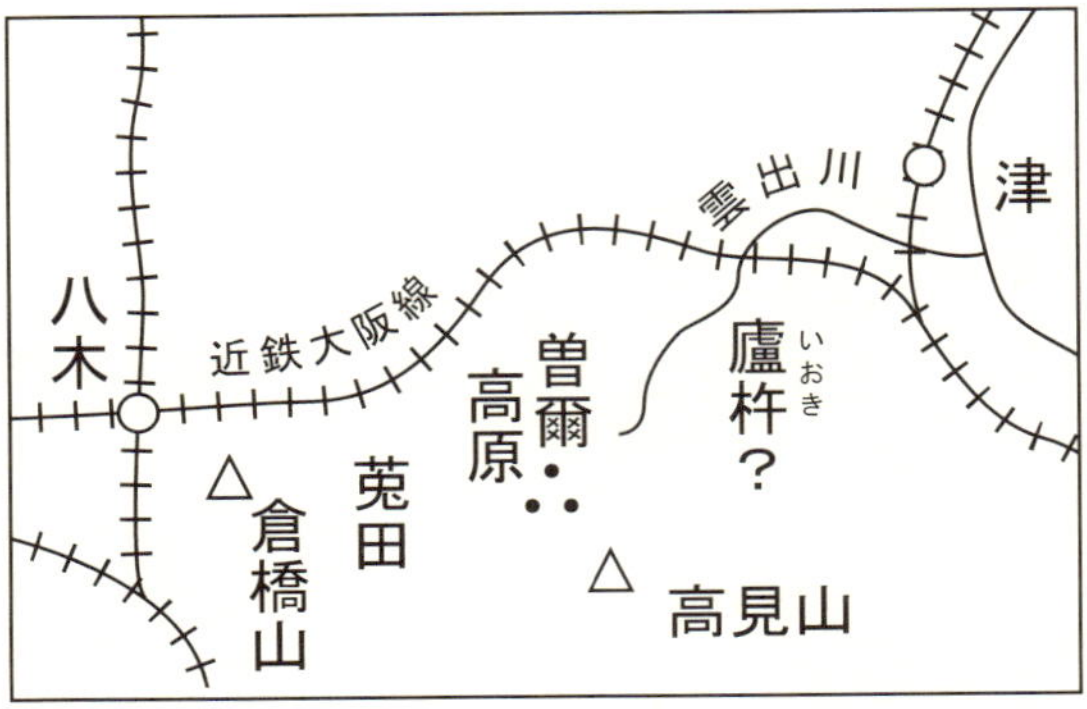

田辺聖子の小説では、隼別と雌鳥は追っ手との戦いの中で毒矢を受け、抱き合いながら

雲出川。後方の上流は美杉村から曽爾高原に通じる
（三重県津市）

死んでいった。権力者の嫉妬が若い二人の愛を踏みつぶし、命までも奪った事件だった。

　古事記』では、雌鳥皇女（『記』では女鳥王と表現）が仁徳天皇のお召しを断ったのは、「皇后（磐之媛）の気性が激しいので、八田若《やたのわき》郎女《いらつめ》を思うようにご寵愛なさることができない」という理由からだった書いている。

　八田若郎女（『紀』では八田皇女）は雌鳥の同母姉であり、菟道稚郎子《うじのわきいらつこ》の同母妹に当たる。菟道稚郎子は仁徳に皇位を譲るために自ら命を絶った時、八田皇女を仁徳に〝献上〟したことは「菟道稚郎子」編で書いた。ところが仁徳は、皇后・磐之媛の嫉妬を恐れて長期にわたって寵愛できないままであったことを指すのである。雌鳥にしてみれば「姉の二の舞はとてもとても…」ということだったのである。

　皇后・磐之媛の嫉妬は古代史上に名高い。仁徳が吉備《きび》の海部直《あまべのあたい》の女《むすめ》の黒日売《くろひめ》に恋した時には大いに怒った。八田皇女と情を交わすと、ついには難波の都には戻らず、遊行先の紀伊国から船で淀川を逆上り、「我が見が欲し国は　葛城高宮《かずらきのたかみや》　我家《わぎえ》のあたり」と実家のある葛城の地を偲びながら筒城宮《つつきのみや》に籠もってしまう。やがて一人寂しく亡くなり、その後、八田皇女が皇后になったと伝える。嫉妬が渦巻く仁徳紀といえる。

　隼別皇子と雌鳥皇女の悲しい死には後日譚がある。宮廷の宴席で、雌鳥皇女が身につけていたはずの珠《たま》を巻いた女がいた。問い詰めると二人を追いかけて殺した佐伯直《さえきのあたい》阿俄野《あがの》胡《こ》が遺骸からはぎ取って持ち帰っていたことが明らかになった。阿俄野胡は死罪が決まったが、「玉代《たまて》」の土地を献上して死罪を免れた、とする。

『古事記』にも同様の譚を載せるが、玉釧を奪ってきたのは山部大楯連《やまべのおおたてむらじ》だったとし、怒った磐之媛（『記』では石之比売命）大后は死刑に処したことになっている。

どうしてだろうか、嫉妬が渦巻く仁徳紀には、一方で多くの鳥の名前が登場する。仁徳天皇の諡号である「鷦鷯」はスズメ目ミソサザイ科のミソサザイのこと。本当は、木菟《つく》（ミミズク）が産殿に飛び込んできて生まれたのだが、鷦鷯《さざき》（ミソサザイ）が飛び込んで来て生ま

仁徳天皇百舌鳥耳原中陵（大仙陵古墳）

れた木菟宿禰《つくのすくね》（武内宿禰《たけしうちのすくね》の子）と名前を取り換えたという。

仁徳が葬られた石津原は、仁徳が行幸して生前に陵地を定めた時、急死した鹿の耳から百舌鳥（モズ）が出てきたので「百舌鳥《もずの》耳原《みみはら》」と呼ぶようになったとする。ほかに、倶知《ぐち》と呼ばれるタカを飼育する鷹甘部《たかかいべ》を定めた話や雉（キジ）を狩猟した話、鷹（タカ）が子を生んだ話なども登場する。

㊤ハヤブサ。急降下時のスピードは時速 390 キロにも達する㊦ミソサザイ

仁徳朝、あるいは河内王権と鳥との深いつながりには、何か深い歴史的な意味があるのだろうか。

それはさておき、ミソサザイはスズメ目の鳥で体長はせいぜい一一チセンくらいの小鳥だが、ハヤブサは体長五〇チセンにもなる肉食の猛禽類。そもそも名前自体、「速い翼」から転じたとされ、急降下時の速度は時速三九〇キロに達するとされる。もし、ミソサザイ（仁徳）がハヤブサ（隼別）に襲われていたら一たまりもなかっただろう。

難波の宮殿を焼いた
住吉仲皇子《すみのえのなかつみこ》

去来穂別《いざほわけ》（後の履中《りちゅう》天皇）は仁徳《にんとく》天皇の第一皇子。皇太子の地位にあった。仁徳が亡くなると、即位前に、羽田矢代宿祢《はたのやしろのすくね》の娘の黒媛《くろひめ》を妃にしようと考えた。同母弟の住吉仲皇子《すみのえのなか》を使者に出した。ところが、住吉仲皇子は、「自分が太子である」と偽って黒媛を奸《おか》してしまった。寝室に鈴を忘れて帰ったことで発覚した。

身の危険を感じた住吉仲皇子は一大事となるのを恐れて、太子を殺そうとして兵を起こし、太子の宮を焼いた。

太子は、平群木菟宿祢《へぐりのつくのすくね》、物部大前宿祢《もののべのおおまえすくね》、東漢《やまとのあや》氏の祖とされる阿知使主《あちのおみ》の三人に守られ、かろうじて脱出。河内国の埴生《はにゅう》坂に至り、難波を振り返れば屋敷が燃える火が見えた。一晩中、火は消えなかったと日本書紀は記す。

去来穂別太子は、埴生坂から大和の石上の振神宮（天理市の石上神宮）へ向かって夜道を急いだ。飛鳥山（河内飛鳥）の入口で少女に出会った。少女は「山には、武器を持った者が満ちています。迂回して当摩道を越えなさい」と話した。

少女のアドバイスに従った一行は竜田山を

越え難を逃れることができたことになっているが、このあたりの『日本書紀』の記事は、摂津・河内と大和を結ぶ古代の重要交通路についての情報を伝えるものとして注目されている。

去来種別太子が大和入りを果たしたころには戦況ははっきりしていた。住吉仲皇子側の「淡路の野嶋の海人《あま》」たちは捕らえられ、大和・河内国境の大坂（香芝市逢坂付近か）で太子の大和入りを阻止しようとしていた倭直《やまとのあたい》吾子籠《あごこ》も太子側に帰順した。

やがて、石上の去来穂別太子のもとにもう一人の弟王の瑞歯別《みつはわけ》皇子が訪ねてきた。去来穂別は瑞歯別の真意を疑い、「お前に本当に邪心がなければ、難波に戻って仲皇子を殺してこい」と命令した。瑞歯別は、「ともに私の兄。誰に従い、誰にそむけば良いのだ」と悩んだが、難波に戻って、住吉仲皇子に仕えていた刺領巾《さしひれ》という隼人《はやと》をたぶらかし、仲皇子を殺すようそそのかした。刺領巾は厠《かわや》に入ろうとする仲皇子を襲い、矛《ほこ》で刺し殺した。「必ず厚く報いよう」とそのかした瑞歯別だったが、事が成

大坂山口神社（香芝市穴虫）。
香芝市逢坂にも大坂山口神社がある

ると、「自分の君主を殺すのは許せない」と、刺領巾を殺してしまった。

『古事記』は、さらにおぞましい。近習の隼人の名は曽婆加里《そばかり》とされている。大和への帰路、瑞歯別（『記』では水歯別）は、「功に報いて約束通り大臣の位を賜う」と曽婆加里を誉め、大鋺《おおまり》を渡し、満々と酒を注いでやった。悦んだ曽婆加里が酒を飲もうと大鋺を傾けた瞬間、蓆《むしろ》の下に隠しておいた剣を取り出して斬ってしまった、という。

結局、去来穂別は磐余稚桜宮《いわれのわかさくら》で即位、履《り》中《ちゅう》天皇となった。在位は五年。『日本書紀』には磐余《いわれ》池をつくったり、磐余市磯池《いわれのいちのいけ》で優雅に船遊びし、その最中にさかづきに桜の花びらが舞い落ちてきたエピソードなどが載り、いわゆる磐余の時代の幕開けを告げる天皇といえる。

一方、住吉仲皇子をだまし討ちのような形で殺した瑞歯別は、履中天皇の死後、反正《はんぜい》天皇として即位する。

仁徳天皇の皇子三人による後継争い。殺伐とした兄弟喧嘩のエピソードであるが、権力をめぐる争いの醜さをいやというほどみせつける物語でもある。

去来穂別の逃走の話にまつわる地理描写が気にかかる。

宮殿の燃える火の手を見たという埴生《はにゅう》坂は、いまの羽曳野《はびきの》市の野中寺《やちゅう》付近、羽曳野丘陵の西側斜面あたりではないかと考えられている。大阪市の上町台地の北端、大阪城付近にあったと考えられる難波高津宮《なにわのたかつ》（仁徳天皇日之媛をの宮居）からは直線距離にして約一四、五キロ。宮を脱出した去来穂別らは難波大道を南進した後、大津道か丹比《たじひ》道を東進、

野中寺南側の府道。小高い丘になっており、あたりに埴生坂があったと推定される（大阪府羽曳野市）

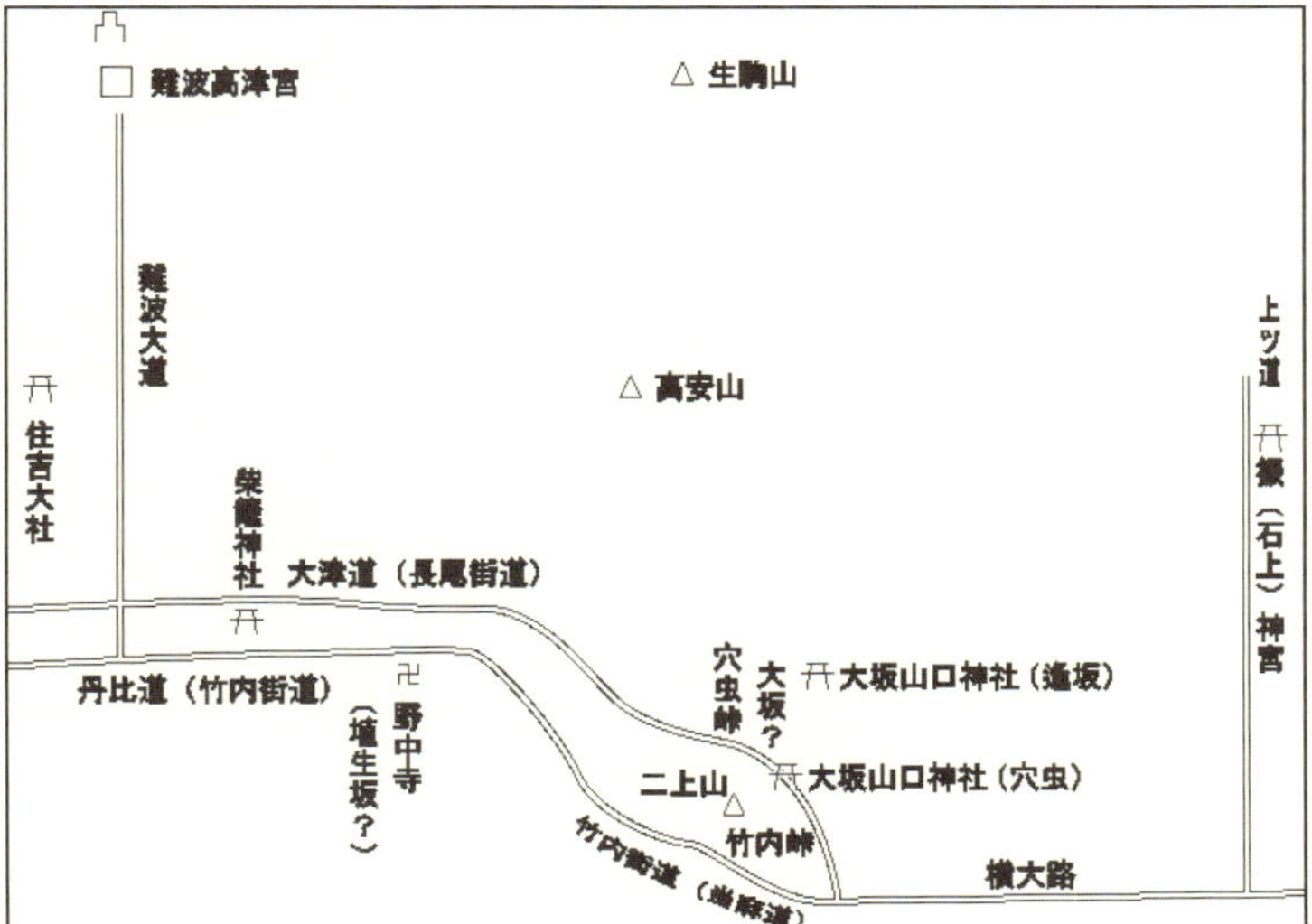

羽曳野丘陵の高台に差しかかって、はるかかなたで燃える宮殿を見た、ということらしい。

　難波大道は、『日本書紀』の推古《すいこ》天皇二十一年条に見える「難波より京に至るまで大道を置く」に当たるとみられる古代官道で、難波宮から上町台地をまっすぐ南に延びていたと考えられている。大阪市天王寺区には「大道町」の地名が残り、昭和五十五年（一九八〇）には、堺市と松原市の境界付近にある大和川今池遺跡から道幅約一七メートルの遺構が発見されている。

長尾街道の碑。街道は、河内から大和に通じていた大津道の名残といわれる
（大阪府松原市）

　一方、大津道（後の長尾街道）と丹比道（後の竹内街道）は、この難波大道と直角に交差して河内を東西に結び、東は「竜田越え」「大

坂越え」「当麻越え」などで大和（京）と結び、西は堺の港に通じていた。二上山のふも

柴籬神社の前に建つ「丹比柴籬宮址」伝承地の石碑
（大阪府松原市）

とを越えて当麻に通じる竹内街道は、横大路となって飛鳥や藤原京に通じていた。

日本最初の官道、いわば国道1号線。いつごろ整備されたかははっきりしないが、履中紀のこの記事は、推古《すいこ》天皇の時代よりさらに早くからこうした陸上交通のルートが開かれていた可能性を示唆するようにも思う。

物語は、ヤマト政権の権力中枢の河内から石上《いそのかみ》や磐余《いわれ》など大和への回帰を物語っているのかもしれない。古代において大和と河内の間に大きな権力対立があったとは考えにくい。むしろ、大和・河内は一体として権力の中枢地だったと考えた方がいいと思うが、都宮の設置場所は、権力の微妙なバランスと関係ではなかっただろう。都宮の移動は、権力の移動がその背景にあった可能性を否定でき

ない。

履中の次の反正は丹比柴籬宮《たじひのしばかき》（河内松原市上田の柴籬《しばかき》神社付近に推定地）に宮居を置いたとされるが、河内の都宮は、継体天皇の樟葉《くずは》宮など一時の宮居を除いてこれで最後になった。


逃走する去来穂別らの行く手を阻もうとした住吉仲皇子の兵士らの中に、淡路の野嶋の海人《あま》らがいた。安曇連浜子《あずみのむらじはまこ》の手下だったとされている。履中即位後、浜子は逮捕された。死罪は免れたものの顔に入れ墨を施された、という。それで、この入れ墨した顔のことを阿曇目《あずみめ》と呼ばれるようになった、と書く。

同じ履中紀に、淡路嶋で狩猟を行った際、同行していた河内の飼部《うまかい》らの目の縁の入れ墨のキズがまだ治っていなかったため、島の伊《い》奘諾神《ざなきのかみ》が「血の臭気が不愉快だ」と怒られて以後、飼部らの入れ墨を禁じた、との話も載せる。

入れ墨は、魏志倭人伝にも登場し、邪馬台国の時代の倭国の習俗だったとする。履中紀には、刑罰として入れ墨を施したとか、逆に禁じたというような記事が相次ぐわけだが、五世紀ごろまで古い習俗が残っていたこと、あるいは習俗を残す集団（部族）がいたこと、あるいは権力による統制に向かったことなどを示すものと理解していいのだろうか。

物語には、まるで人間扱いされていない程にいじめ抜かれる隼人《はやと》のことが登場し、古代国家形成課程のさまざまな文化的・民族的確執を伝えるものとも解釈できる。

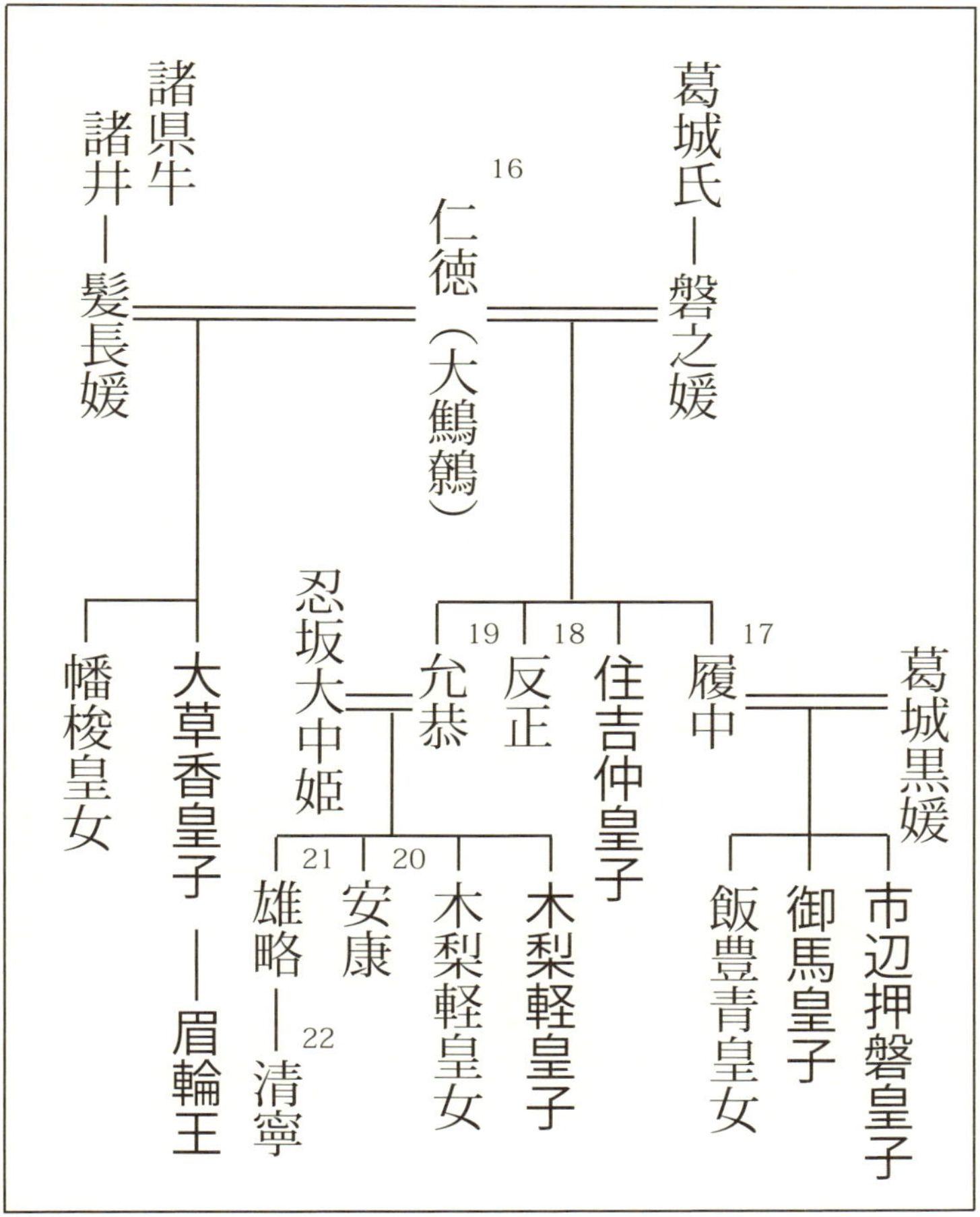

※数字は天皇即位代数
※太字は本書で取り上げた「悲劇の皇子」

木梨軽皇太子《きなしのかる》

禁断の愛に生き、皇位を棒に振った

履中《りちゅう》、反正《はんぜい》に続いて、同母系の允恭《いんぎょう》天皇が皇位についた。允恭は生来病弱で即位を固辞し続けたが、妃の忍坂大中姫《おつさかおおなかひめ》（後に皇后）の強い説得でやっとのことで即位を承諾したと伝える。

その允恭と忍坂大中姫の間には五人の皇子と四人の皇女が生まれた。時を経て、三番目の皇子が安康《あんこう》天皇、五番目の皇子が雄略《ゆうりゃく》天皇となる。一番上の皇子は木梨軽皇子《きなしのかる》といった。美しい皇子だった。見る者は皆、自然に心惹かれたという。允恭天皇二十三年に皇太子になった。将来を嘱望されていた。

ところが皇太子・軽皇子は、こともあろうに妹の軽大娘《かるのおおいらつめ》と恋仲になり、結婚したいと思うようになった。軽大娘は允恭と忍坂大中姫との間に生まれた五番目の子、木梨軽皇子にとっては同母兄妹だった。美しい姫だったという。恋情は抑え切れず、ついに許されぬ仲にまで発展してしまった。「恋情はほとんど死ぬばかり、罪になっても忍ぶことはできないと思った」と書記は書く。

二人の仲はやがて天皇の知るところとなった。真夏に膳の熱汁が凍りついてしまう異変が生じ、占いの結果、二人の不義密通が発覚したという。大娘皇女は伊予《いよ》（愛媛県）に流された。

天飛《あまだ》む　軽嬢子《かるおとめ》　甚泣《いた》かば、人知りぬべみ、　幡舎《はさ》の山の、鳩《はと》の下泣きに泣く
〈巻第十三・允恭天皇〉

軽太子は歌を詠んで離別を悲しんだ。「ひどく泣いたら人に知られるので、幡舎《はさ》の山の鳩のように低い声で忍び泣きしています」というのである。

允恭天皇は在位四十二年で亡くなった。群臣は、不義密通の木梨軽皇子を見離した。多くが二番目の皇太子で、後に安康天皇となる穴穂《あなほ》皇子についた。

木梨皇太子は存在そのものが邪魔になる。身の危険を感じた皇子は物部大前宿祢《もののべのおおまえのすくね》の家に逃げ込んだ。しかし、ただちに穴穂皇子の兵に囲まれ、はかなく自殺して果てた。（伊予国へ流されたいう説もある、と書記には記す）

高群逸枝氏の『日本婚姻史』（昭和三十八年刊）によると、中国の唐律では「兄弟婚は同母異母を問わず絞首」と固く禁じられていたのに対し、古代のわが国では異母兄妹（同父兄妹）の結婚は許され、よく行われていたらしい。それは、鎌倉末期まで連綿と続いていたことが記録から明らかだという。

ところが、同母兄妹の結婚については、この木梨軽太子と軽大娘との説話によって、多くの人々の批判を浴びるものであったことが分かる。明らかに禁忌（タブー）であった。

木梨皇太子と軽大娘皇女。物語では、道な

牟佐坐神社。付近は「軽曲狭宮《かるのまがりおのみや》」「軽境原宮《かるのさかいばらのみや》」などの伝承地（橿原市見瀬町）

らぬ恋のために皇位を棒に振った皇太子とその妹という関係だが、ともに名前に軽の字がある。これは、「体重が軽い」とか「尻が軽い」とかいうものではない。橿原市南部に古くから伝わる「軽」という古地名と何らかのつながりをもっていたとの見方がある。

「軽」の地には多くの宮居が営まれた。第四代懿徳《いとく》天皇の「軽曲峡宮《かるのまがりおのみや》」、第八代孝元《こうげん》天皇の「軽境原宮《かるのさかいばらのみや》」は、ともに橿原市見瀬町の牟佐坐《むさにいます》神社付近が伝承地。その東側に「大軽町」がある。第十五代応神《おうじん》天皇の「軽明宮《かるのあかるのみや》」の伝承地である。

ほかにも「軽池」「軽坂」（応神紀）、「軽曲《かるのまがり》殿《どの》」（欽明紀）、「軽街《かるのちまた》」（天武紀）、「軽路」（万葉集）などもみえる。橿原ニュータウンの中に「唐古」という小字名がみえ、畝傍山南方のかな

り広い範囲が「軽」の地だったらしい。見瀬・

軽の地。見瀬・五条野丸山古墳の周辺は、地理的にも歴史的にも「飛鳥の入り口」だった（橿原市見瀬町より）

五條野丸山古墳周辺地域といってもいい。地理的には飛鳥の西の入口にあたる。

「軽街《かるのちまた》」は、近鉄橿原神宮前駅の東方、国道169号と明日香村方面へ向かう県道の交差するあたりにあった、といわれる。「ちまた」とは「道の分かれるところ」で、繁華な場所をも意味する。交通の要衝に市《いち》が立ち、町が形成される現象は、昔も変わらなかったらしい。

畝傍《うねび》山を西に見て南北に一直線に走る国道169号は、古代官道の下ツ道とほぼ重なることが、発掘調査でも確認されている。一方、明日香村に通じる東西方向の県道も古代の幹線道路だった山田道の痕跡といわれる。下ツ道と山田道の交差点付近の「ちまた」には飛鳥時代、軽市《かるのいち》という市が形成されていたと伝える。
古代の市といえば平城京の東市《とういち》、西市《さいいち》がまず思い浮かぶが、三輪山麓の海石榴市《つばきいち》、竜田道と上ツ道が交差した天理市櫟本《いちのもと》町にあった石上衢《いそのかみのちまた》などもよく知られるところ。

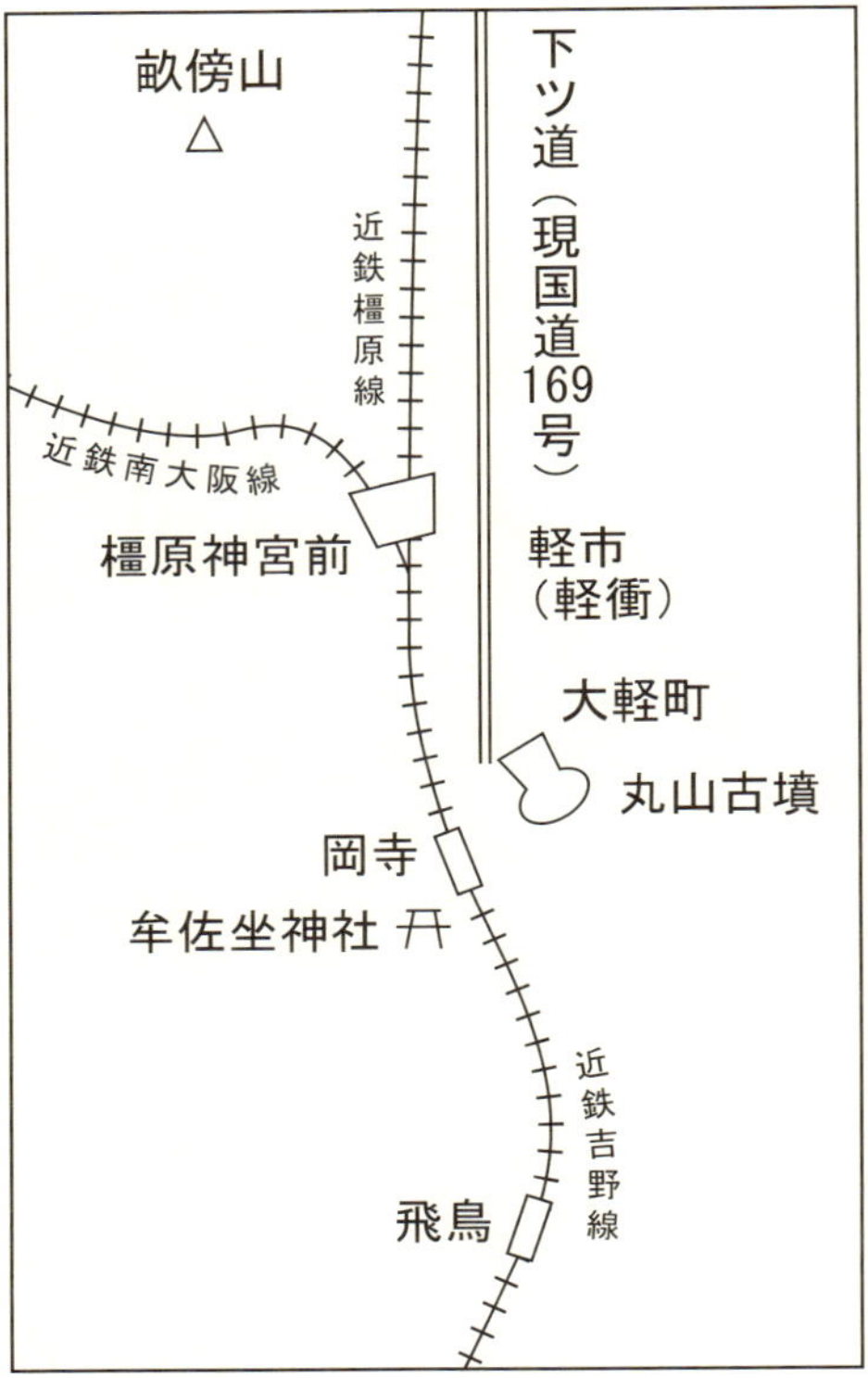

軽市《かるのいち》の近くに住んでいたらしい妻（恋人）の死を悼んで詠んだ柿本人麻呂の挽歌《ばんか》が名高い。「天飛ぶや　軽の路は　吾妹子《わぎもこ》が　里にしあれば…」と、生前の交際から詠み起こす長歌である。人の目をしのんで会う間柄だったらしい。

その妻が、突然亡くなった。

「渡る日の　暮れが行くがごと　照る月の
雲隠るごと　沖つ藻《も》の　靡《なび》しき妹は　黄葉《もみじば》の　過ぎて去にきと…」

悲嘆に暮れた人麻呂は面影を求め、妻がよく出かけていた軽市へ行った。

吾妹子《わぎもこ》が　やまず出で見し　軽市に　わが立ち聞けば　玉だすき　畝傍の山に　鳴く鳥の　声も聞こへず　玉桙《たまほこ》の　道行く人も　一人だに　似てし行かねば　すべを無《な》み　妹が名呼びて　袖《そで》を振りつる

畝傍山の鳥の声も聞こえない。妻の声も聞こえない。路行く多くの人々もだれ一人、妻に似たものはいない。どうしようもなく、妻の名を呼び、袖を振った――。

人麻呂挽歌中の最高傑作、といわれる。哀悼感ほとばしる名作の中に、畝傍山の近くにあった軽市のにぎわいを読み取りたい。

飛鳥時代の「軽街《かるのちまた》」「軽市」伝承地。下ツ道（いまの国道169号）と山田道の交差点付近に形成された。
（橿原市石川町、丈六交差点付近）

松本清張氏や金達寿氏は、軽は「韓」のことだろうと考えた。朝鮮半島からの渡来文化が最初に根を降ろし、飛鳥よりも早く、都市文明の花開いた地との見解だ。

木梨軽皇子と軽大娘が「軽」の地と、そして「韓」と何らかの関係があったのかどうか、分からない。「許されない恋物語」の背後には、五世紀半ば、大王権内部の複雑で大きなきしみの存在があったのではないかという気がしてならない。そのきしみは国際色の強いものだったのではなかろうか。

事件をきっかけに、安康・雄略を中心とする政権体制が確立していった。

赤心が通じなかった。
日向・諸県《もろあがた》ゆかりの
大草香《おおくさか》皇子

安康《あんこう》天皇紀は、二人の皇子の悲しい死の記事で占められている。一人は前編で紹介した兄の木梨軽《きなしのかる》皇子、いま一人は大草香《おおくさか》皇子。仁《にん》徳《とく》天皇の子だから、安康にとっては父のイトコだ。

記事によると、安康天皇は、弟の大泊瀬《おおはつせ》皇子（後の雄略《ゆうりゃく》天皇）のために、大草香皇子の妹の幡梭《はたび》皇女を娶《めと》らせようと考え、根使主《ねのおみ》を使いに出した。

大草香は「私は重病。まもなく死ぬが、妹のことが気がかりでならなかった。まことにかたじけない」と承諾、「丹心をあらわすために」と家宝にしていた押木珠縵《おしきのたまかずら》を奉献した。「丹心」とは「赤心」、つまり「まごころ」。大草香皇子は安康の申し入れに心から喜んだのである。

ところが、根使主は、その赤心《まごころ》の証し、押木珠縵の美しさに目がくらんだ。盗んで自分の宝にしようと思った。そして、「大草香皇子は命令をうけたまわらないで断った」と天皇に報告。怒った天皇は兵を起こし、大草香の家を囲んで殺してしまった。

皇子に仕えていた難波吉師日香蚊《なにわのきしひかか》と二人の子は、「罪なくして死なれたことは悲しい」

と皇子の遺骸にとりすがり、その場で殉死。見ていた人々は皆涙した、とも伝える。

大草香皇子亡き後、大草香の妻だった中蒂姫《なかし》は安康天皇に召されて宮中に入り、後に皇后になる。妹の幡梭《はたび》皇女は大泊瀬皇子にめあわされ、後、雄略天皇の皇后になる。大草香皇子は、せっかくの赤心が誤解され、殺されたばかりでなく妻と妹を奪われた、悲劇を絵に描いたような皇子だったといえる。

「押木珠縵」とはどういうものだったのか、はっきりとは分

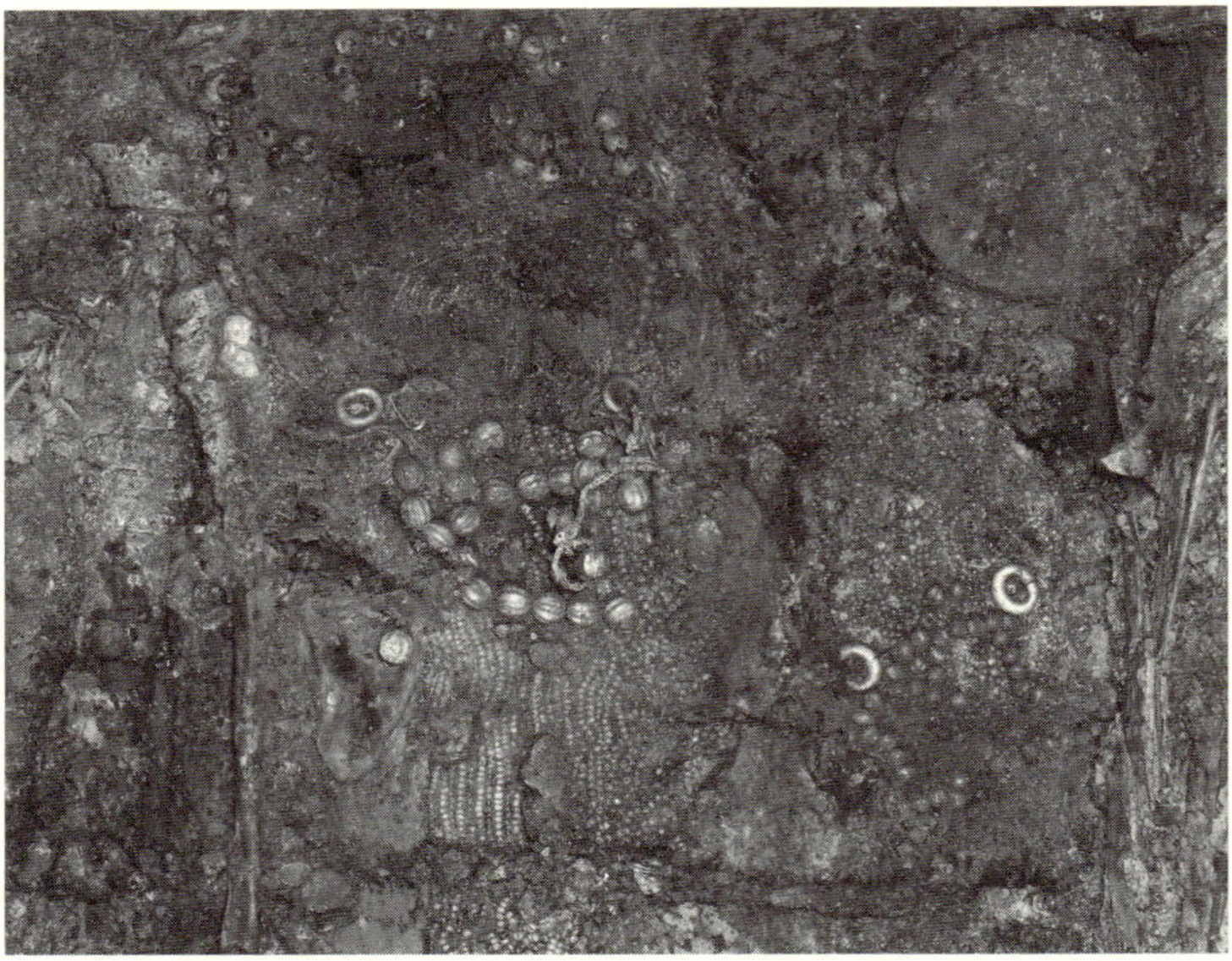

藤ノ木古墳の石棺内遺物。北側被葬者の頭付近（中央左寄り）にはおびただしい量の玉類があった。簾状被りもののような装身具だったらしい。「押木珠縵」もこのようなものだったのだろうか

（橿原考古学研究所附属博物館提供）

かっていない。しかし、珠玉を用いた髪の飾りだったことは確実。藤ノ木古墳（奈良県斑鳩町）の未盗掘石棺の中にあった豪奢な簾《すだれ》状の被り物のようなものではなかったか、と推測される。

藤ノ木古墳のそれは、北側被葬者の頭部から背中にかけての位置から見つかった。ガラス玉をヒモに通した簾状の飾りだったようで、用いられたガラス玉は一万五千点を下らない。持ち主だったとみられる北側被葬者は、身長一六四〜一六五㌢の二十歳前後の若者だったことが分かっており、調査に当たった前園実知雄氏（元橿原考古学研究所員）は、皇位に野心を示しながら蘇我—物部氏の確執の中で用明二年（五八七）、若くして死んでいった穴穂部《あなほべ》皇子とみる。（「穴穂部皇子」編で詳述）

大草香皇子の押木珠縵も、きっと、藤ノ木古墳の遺品のように美しかったのだろう。それにしても、とんでもない誤解を招いた、罪な宝ものでもあった。

後日譚がある。

雄略天皇十三年、天皇は呉人の接待係に根使主を命じた。石上の高抜原《たかぬきはら》（場所不明）で開かれた饗宴に、根使主《ねのおみ》は横領した押木珠縵を着けて出席した。大変目立ったので天皇が引見すると、横にいた幡梭皇后が涙を流し、「この玉縵は、兄が穴穂《あなほ》（安康）天皇の勅をうけたまわり、私のために献上されたものです」と言上した。

雄略は大いに驚き、根使主を責め、その場で切り捨てようとした。根使主は日根《ひね》（和泉国日根郡）に逃げ、稲城をつくって戦をしようとしたが敗れ、殺された――。

日根の地は和泉五社の一つに数えられる式内社、日根神社がある大阪府泉佐野市日根野あたりといわれている。関西国際空港に程近い地だ。

大草香皇子の無実が明らかになった後、大草香に殉じた難波吉士《なにわのきし》日香蚊《ひかか》の子孫は大草香部吉士の姓を賜わる一方、ざん言した根使主の子孫は大草香部の民とされた、と伝える。古代有力氏族のひとつ、草香部（日下部）吉師の祖先伝承が書記の取り込まれたものだろうといわれる。

草香《くさか》（草加、日下）の地名や姓（名字）は全国に分布する。最もよく知られるのは東大阪市日下《くさか》町付近。生駒山の西麓、古代には河内潟が入り込み、港の施設もあったらしい。神

日根神社（和泉佐野市日根野）

草香（日下）の地。生駒山の西麓、河内潟が迫っていた（東大阪市日下町）

武東征伝承にも登場する。生駒山を越えて大和に入ろうとした神武軍はこの地（『紀』では草香邑《くさかのむら》の白肩之津《しらかたのつ》）で長髄彦《ながすねひこ》の激しい抵抗にあい苦戦、神武天皇の兄にあたる五瀬命《いつせのみこと》が後に致命傷となる傷を負った。

大草香皇子の母はその神武のふるさと、日《ひゅう》向《が》の髪長媛《かみながひめ》だった。髪長媛は諸県君牛諸井《もろあがたのきみうしもろい》の女《むすめ》で、そのすぐれた容色は世にきこえていた。うわさを耳にした応神天皇が呼び寄せ、桑津邑《くわつのむら》（大阪市東住吉区桑津町が伝承地）に住まわせ、一目ぼれした皇子の大鷦鷯尊《おおさざきのみこと》（仁徳天皇）と結婚させた、と応神紀に伝える。

諸県君牛が年老いて朝廷に仕えることができなかったので致仕して日向に戻ったものの「朝廷を忘れることができない」と我が娘を献上したのが髪長媛だった、との一説もある。その際、播磨《はりま》の鹿古水門《かこのみなと》（兵庫県・加古川の河口付近）に鹿の皮を着た人々が海に浮か

桑津神社（大阪市東住吉区）

んでやって来て、地名の起源になったとも伝える。

諸県の地とは、現在の宮崎県南西部、都《みやこの》城《じょう》市、小林市、えびの市、北諸県郡、東諸県郡、西諸県郡一帯で、鹿児島県にも及んでいた広い範囲を占めていたと考えられている。いわゆる熊襲《くまそ》の勢力範囲だが、「天孫降臨《てんそんこうりん》」「日向三代」「神武東征」などの神話に彩られた地。

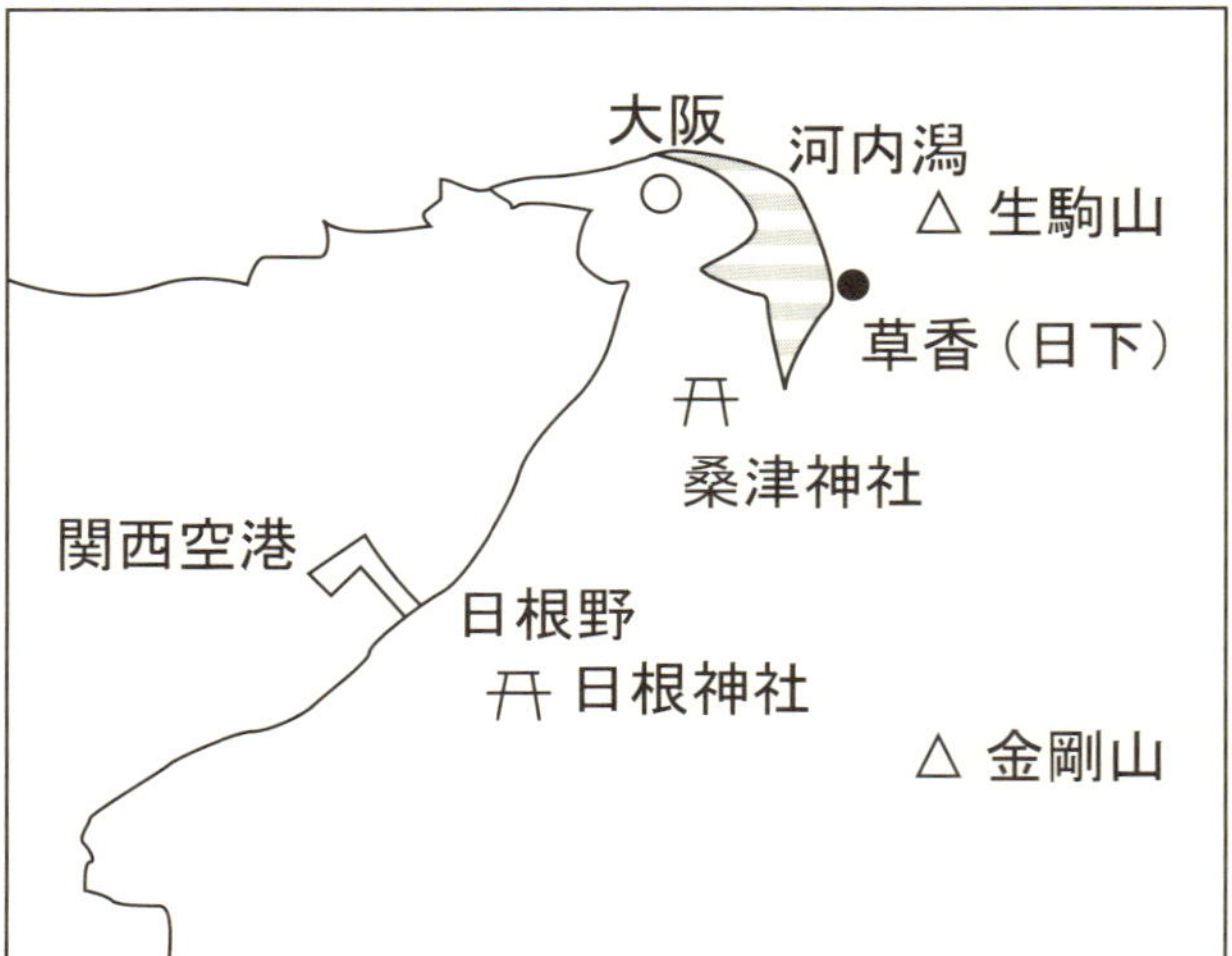

宮崎県西都市の西都原《さいとばる》古墳群にある

男狭穂塚《おさほづか》と女狭穂塚《めさほづか》は全長一七五メートル、同一八〇メートルの帆立貝形の巨大古墳。瓊瓊杵尊《ににきのみこと》と木花開耶姫《このはなのさくやひめ》の墓と伝承され、陵墓参考地に指定されているが、牛諸井と髪長媛の墓との推測もある。

なお、大阪市東住吉区にある桑津神社には、いまも髪長媛が祀られている。

神武東征伝承、それに髪長媛と草香（日下）の人名・地名は、複雑にからみ合いながら王権の地であったいまの大阪府と遠く離れた南九州を結ぶのである。草香部吉士は、航海や交易など水上交通の技術者集団だったとの解釈もある。

葛城氏の家で焼き殺された
眉輪王《まよわ》

大草香皇子《おおくさか》は無実の罪で殺され、妻の中蒂《なかし》姫《ひめ》をも奪われた。中蒂姫は安康《あんこう》天皇の妃になり、やがて皇后になる。中蒂姫には大草香との間に生まれた一人の男の子があった。眉輪《まよわ》王といった。母とともに宮中に入り、安康に養育された。

安康天皇三年八月のある日、天皇は、山荘で宴を催し、楼に上って皇后と語り合った。くつろいだ雰囲気でこれまでのことをさまざまに語り合ったらしい。天皇は「私は眉輪王をおそれている」と話した。

楼の下で遊び戯れていた眉輪王は二人の話を全部聞いてしまった。父、大草香の死について、真実を知ってしまったのである。

安康は酒の酔いで、皇后の膝枕で眠り込んだ。その時、眉輪王は、ひそかに楼に登って天皇を襲い、刺し殺した。

報せを受けた、天皇の弟、大伯瀬幼武《おおはつせわかたけ》（のちの雄略《ゆうりやく》天皇）は大いに怒り、眉輪王を取り調べた。眉輪王は「皇位を望んでいるわけではありません。ただ父の仇に報いただけです」と話した。

眉輪王は、坂合黒彦《さかあいのくろひこ》皇子（允恭《いんぎょう》天皇の皇子）の勧めでスキを見て脱出、葛城円大臣《つぶらのおおおみ》の家に逃げ込んだ。円大臣は「人民が王室に逃げ込むことは聞いたことがあるが、君主が民の家に隠れるということは知らない。深く私の心を恃《たの》みとしておられる。どうして差し出すことができますでしょうか」と二人をかくまった。大泊瀬皇子はただちに兵を起こし、円大臣の家を囲んだ。

円大臣は、装いを正して大泊瀬皇子の前に進み出て娘の韓姫《からひめ》と葛城の七カ所の宅（『記』では五カ所の屯宅）を献上することを申し出たものの眉輪王の引き渡しには応じなかった。このため眉輪王、坂合黒彦皇子とともに焼き殺された。

眉輪王の父、大草香は仁徳《にんとく》天皇の皇子、母の中蒂姫は履中天皇の皇女。従って眉輪王は仁徳、履中両天皇の孫にあたり皇位継承の資格は十分に備えていたのだが、赤心通じず憤死した父の仇をとったために自らも悲劇の最期を遂げることになったのである。

葛城円大臣に関係する建造物ではなかったかとみられる遺構が奈良県御所市で発見されている。極楽寺ヒビキ遺跡と呼ばれる。二〇〇五年に発掘された。水の祭の導水施設、祭殿、工房跡、倉庫跡などが見つかり、古代豪族の葛城氏に関わる巨大集落遺跡とされる南郷遺跡群の一角にもあたる。

発掘調査した橿原考古学研究所の坂靖氏と青柳泰介氏が著した『葛城の王都―南郷遺跡群』（新泉社）によると、古墳時代中期中ごろ（五世紀前半）の遺構で、三方が絶壁の高台に、両岸に石垣を積んだ堀と塀で区画された約二千平方メートルの敷地があり、内部に大型掘立柱建物跡と広場があった。大型建物は、五間×五間のほぼ正方形で、床面積約二百二十平方メートル。「高殿」（楼閣のように高くつくった建物）とみられた。

　特徴的なのは用いられた柱の形。一般的な円形（丸太）ではなく、へん平な板柱。北東約三キロにあり、葛城氏の始祖といえる人物

㊤極楽寺ヒビキ遺跡から出土した大型建物遺構の復元模型。㊦室宮山古墳から出土した家形埴輪。どちらもへん平な板柱を用いている（いずれも橿原考古学研究所附属博物館提供）

室宮山古墳の竪穴式石室と長持形石棺
（1950年調査）＝橿原考古学研究所提供＝

が被葬者である可能性が高いとされる室宮山《むろのみややま》古墳の主体部から出土した家形埴輪に見られる板柱とそっくりだった。造られた年代は家形埴輪の方が少し早いものの、どちらがモデルなのか分からないほど共通する造作だった。

屋敷遺構に井戸はなく、日常生活に関わる遺物も出土しなかった。また、建物には壁がなく風が吹き抜ける構造。このため住むための居館ではなく、葛城の王が国見をするための高殿か、特別な下知などに用いられた政庁のような施設だったと考えられている。焼土が見つかり火災で焼失したことをうかがわせた。眉輪王をかくまったために雄略天皇に焼かれた円大臣所有の構築物だった可能性は大いにある、とみられる。

天皇家（大王家）と葛城氏の関係は微妙だ。五世紀のいわゆる応神王朝の天皇（大王）は、仁徳天皇と葛城襲津彦《そつひこ》の娘、磐之媛《いわのひめ》の間にできた履中《りちゅう》、反正《はんぜい》、允恭《いんぎょう》が次々と即位した。

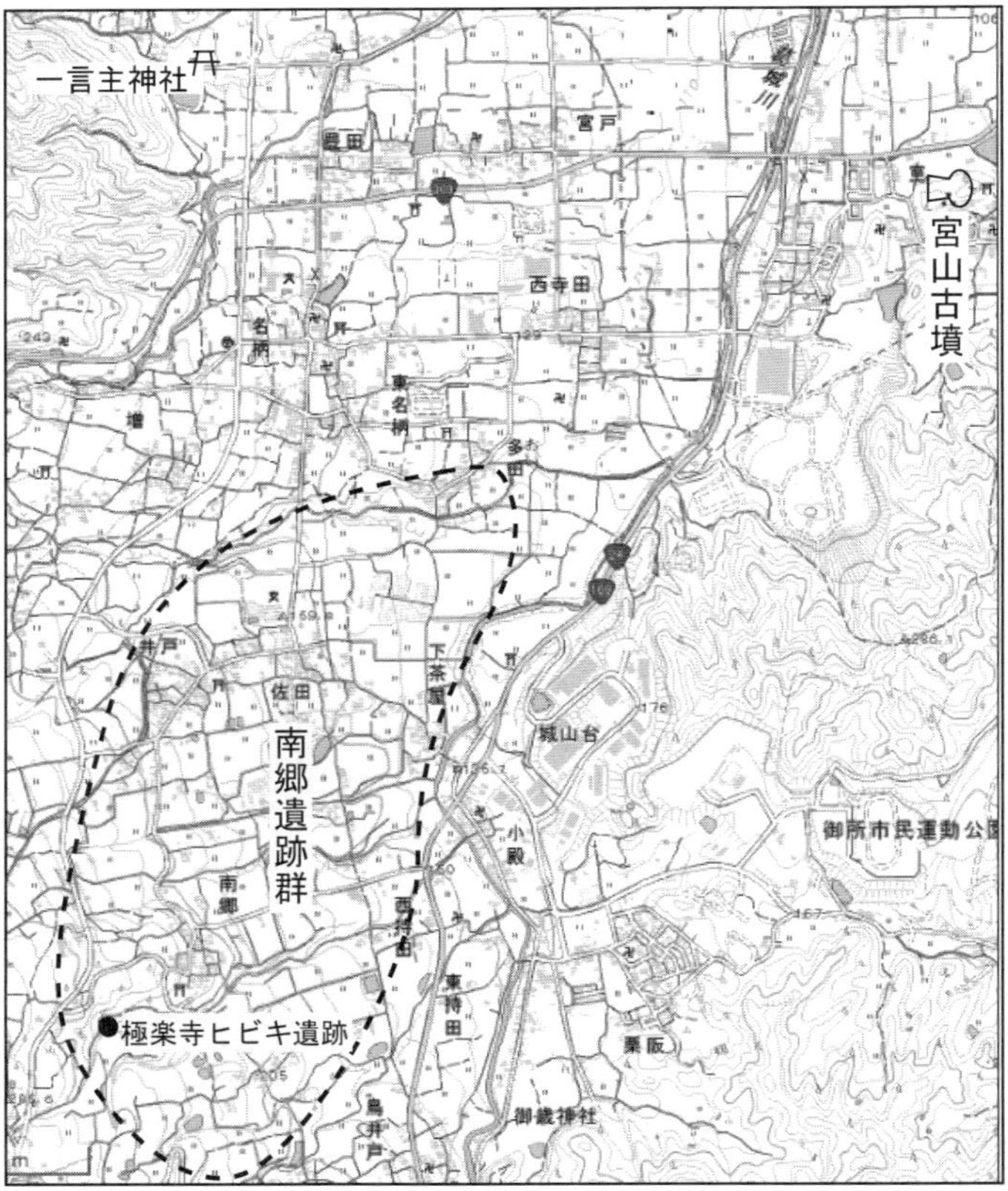

履中、反正の頃まで、外戚・葛城氏は全盛を誇り、大王権と葛城氏は蜜月状態にあったとみられる。ところが、息長《おきなが》氏出身の忍坂大中姫《おっさかのおおなかひめ》（後の皇后）の強い奨めで即位したと記紀が伝える允恭天皇の時代に一転、対立が生じる。『日本書紀』は、允恭天皇はその五年、命令に従わなかった襲津彦の孫、玉田宿祢《たまたのすくね》を攻め殺した、と伝える。

大中姫の産んだ安康、雄略が即位すると対立はさらに深まり、眉輪王事件が起き、葛城本宗家が滅ぼされるのである。雄略は、履中天皇と葛城氏出身の黒媛との間にできた市辺押磐《いちべのおしわ》皇子も殺し（詳しくは次編）、葛城氏を圧倒、絶対君主へと上り詰めていくのである。

記紀には、雄略天皇が葛城地方の有力な地主神とみられる一言主《ひとことぬし》神と葛城山で狩りを楽しんだエピソードが載る。雄略天皇が、葛城山中でバッタリ出会った一言主神に「どこの方か」と尋ねたところ「そちらが先に名乗れ」とうそぶいたというプライドの高い神で、「吾は悪事も一言、善事も一言に言い放つ神」と名乗ったという。いま、御所市森脇に一言主神社があり、一言の願い事は必ずかなえられる「一言《いちごん》さん」として信仰を集める。

雄略天皇と一言主神は一頭の鹿を追い、矢を放つことも譲り合って狩りをし、一言主神は雄略天皇を来目河《くめがわ》まで送った、と伝える。

一言主神社（御所市森脇）

来目河は曽我川か高取川かのいずれかで、葛城氏と大王家の勢力範囲の境界を流れる川だった。曽我川には、いまも御所市柏原と高市郡高取町の間に郡界橋が架かる。〃微妙な関係〃をうかがわせるエピソードである。

眉輪王はなぜ円大臣の家に逃げ込んだのか。雄略に追われ、雄略と対立する立場にあり強大な力を持っていた葛城氏のもとへ走ったことは自然といえば自然。

しかし、眉輪王にそれなりの計略があったのではないかと推測できないこともない。南九州と強いつながりをもつ草香王家と葛城氏が組めば雄略の大王権に対抗できるかも知れない—との打算である。果たしてどうだっただろうか。

市辺押磐皇子《いちべのおしわ》

猟でだまし討ち、子は億計・弘計王

市辺押磐皇子《いちべのおしわ》は、履中《りちゅう》天皇と黒媛《くろひめ》との間にできた皇子。大泊瀬皇子《おおはつせ》（後の雄略《ゆうりゃく》天皇）とは従兄弟だった。母の黒媛は、葛城氏一族の葦田宿祢《あしだすくね》の娘。葛城氏族の期待を一身に集める皇子だった。

雄略天皇即位前紀に、安康《あんこう》天皇がかつて市辺押磐に皇位を譲り後事を託そうと考えていたのを、大泊瀬皇子は恨んでいた、と書く。

大泊瀬皇子は、市辺押磐皇子のもとに人を遣わし、「近江（いまの滋賀県）の狭狭城山君韓帒《ささきのやまのきみからふくろ》が、来田綿《くたわた》の蚊屋野《かやの》あたりには猪や鹿がたくさんいると言っている。あまり風が冷たくない日に、いっしょに馳猟《かり》を楽しもう」と、蚊屋野へ馳猟に誘い出した。

馳猟の当日、大泊瀬皇子は、「猪がいた」と偽って大声を出し、市辺押磐を弓で射殺した。市辺押磐に付き従っていた帳内《とねり》の佐伯部売輪《さえきべのうるわ》は驚き、大声を出して転がり回ったという。大泊瀬は市辺押磐の従者たちも皆殺しにしてしまった。

大泊瀬皇子は翌月、泊瀬朝倉宮《はつせあさくらのみや》で即位して雄略《ゆうりゃく》天皇となった。葛城氏などの有力豪族を抑え込み、過去に例がないほどの盤石の政権基盤を確立した。埼玉・稲荷山古墳出土の辛亥銘鉄剣に見える「獲加多支鹵大王」は雄略天皇のことで、『宋書』にある倭王武もまた雄略天皇のことであったとみられることは

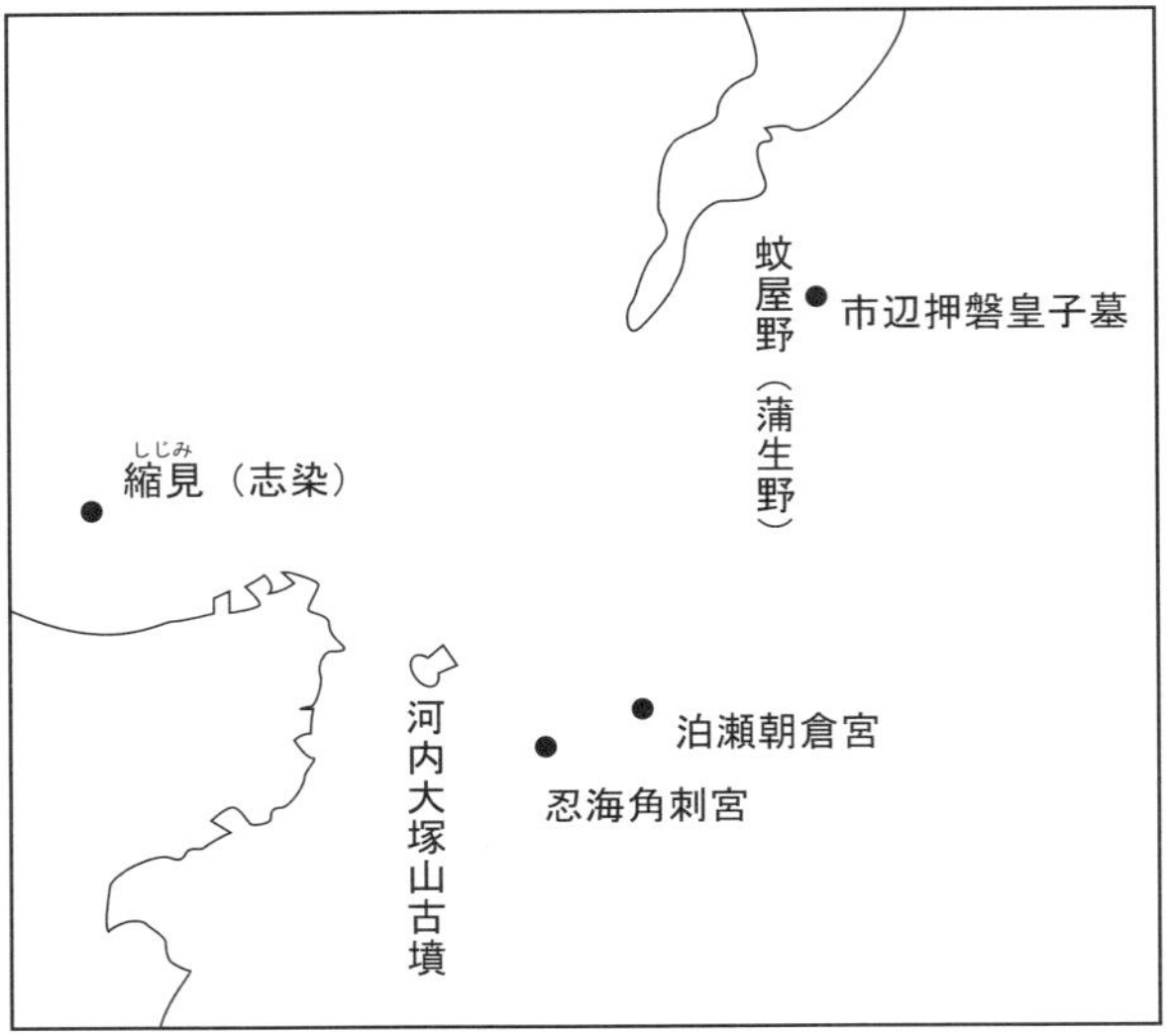

既に「御馬皇子」編などで書いた。三輪山に棲む大蛇を捕らえるなどさまざまな英雄物語も伝える。在位期間は二十一年に及んだ。

雄略天皇が亡くなる（四七九年頃と推測される）と、葛城円《かずらぎのつぶら》大臣から『献上』された葛城韓媛《からひめ》との間に生まれた第三子の白髪《しらか》皇子が即位、清寧《せいねい》天皇となった。清寧は身体が弱かったのだろうか、生まれつき髪が白かったという。妃の名前は見えず、子供もなかった。

後継者問題が浮上しかけたころ、播磨国に遣わした伊予来目部小楯《いよのくめべのおたて》が、赤石郡《あかしのこおり》の縮見《しじみ》（兵庫県三木市志染《しじみ》付近とされる）に隠れ住んでいた市辺押磐皇子の子、憶計《おけ》王・弘計《をけ》王の兄弟を見つけ出した。

二皇子発見のいきさつは顕宗《けんぞう》天皇即位前紀

に詳しい。

近江の蚊屋野で父の市辺押磐皇子が雄略に射殺された後、二皇子はいったん丹波国の余社郡《よさのこおり》（京都府の丹後半島の与謝《よさ》郡付近）に身を隠した。やがて赤石郡へ移り、名前を変えて、縮見の屯倉《みやけ》の首の忍海部造細目《おしぬみべのみやつこほそめ》の使用人として仕えていたのだった。

伊予来目部小楯が縮見にやってきたのは、細目の家の新築祝いの宴席だった。夜が更け、宴席で燭をともしに回るなど立ち働いていた兄弟の立ち居振る舞いに目をつけた小楯がひとさし舞を舞うように命じた。

兄の億計王がまず舞った。次いで弟の弘計王が「築き立つる　稚室下葛根、築き立つる

杭は、比の家長の　御心の鎮なり…」と新築の祝いの舞を舞った。さらに続けて、

縮見の里。父・市辺押磐皇子が殺された後に、
億計・弘計王の兄弟が隠れ住んでいたと伝承する
（兵庫県三木市志染）

倭《やまと》は　そそ茅原《ちはら》　浅茅原《あさちはら》　弟日《おとひ》、僕《やつこ》らま

「私は浅茅原の弟王である、日本の国の弟王である」と名乗りを上げたのである。「市辺《いちべの》宮《みや》に天下治しし…」と市辺押磐の子であることも名乗り上げた。

小楯は驚き、席を替えて兄弟を上座に座らせ、何度も拝礼した。大和の朝廷に迎えられた二王は、清寧天皇の後継者と定められ、兄の憶計王が皇太子になった。

清寧の死後、二人は皇位を譲り合った。譲り合っている間が長かったので、姉の飯豊青《いいとよのあお》皇女が忍海角刺宮《おしぬみのつのさしのみや》で政治を執ったとの伝えもある。「倭辺《やまとへ》に見が欲しものは忍海《おしぬみ》の　この高城《たかき》なる角刺《つのさし》の宮」と歌われる程に繁栄したとも伝える。

結局、名乗りを上げて迎えられるきっかけをつくった弟の弘計王が先に即位して顕宗《けんぞう》天皇となった。顕宗の死後、兄の憶計王が即位して仁賢《にんけん》天皇となった。

角刺神社。付近に飯豊青皇女の忍海角刺宮があったと伝承する（葛城市忍海）

顕宗紀には、二人の兄弟が、父、市辺押磐の無念の最期を思い起こして涙を流し合う記事がある。

顕宗天皇の命で、蚊屋野で遺骸の捜索を始めた。置目《おきめ》という一人の老婆が埋めた場所を知っていた。掘り起こしてみると二体分あった。市辺押磐の分と帳内の佐伯部売輪の分とみられた。頭蓋骨は何とか判別できたが、他の骨は見分けがつかなかったので、そっくりな陵を二つ造り、葬儀も同じようにした、と伝える。

いまも、滋賀県東近江市市辺町にその陵墓と伝える古墳が残っている。住宅地の中に円墳が二つ並び、二つとも宮内庁指定の陵墓として管理されている。

遺骨の発見に功のあった置目は、都に上り、長く天皇のもとで暮らした、という。ま

円墳が二つ並ぶ市辺押磐皇子の墓（東近江市市辺町）

た、置目の兄、倭帒宿祢《やまとのふくろのすくね》は、近江の名族、狭狭城山君の祖となった、と伝える。

顕宗紀によると、弘計王（顕宗天皇）はなお収まらなかった。「父の仇に報いたい」と

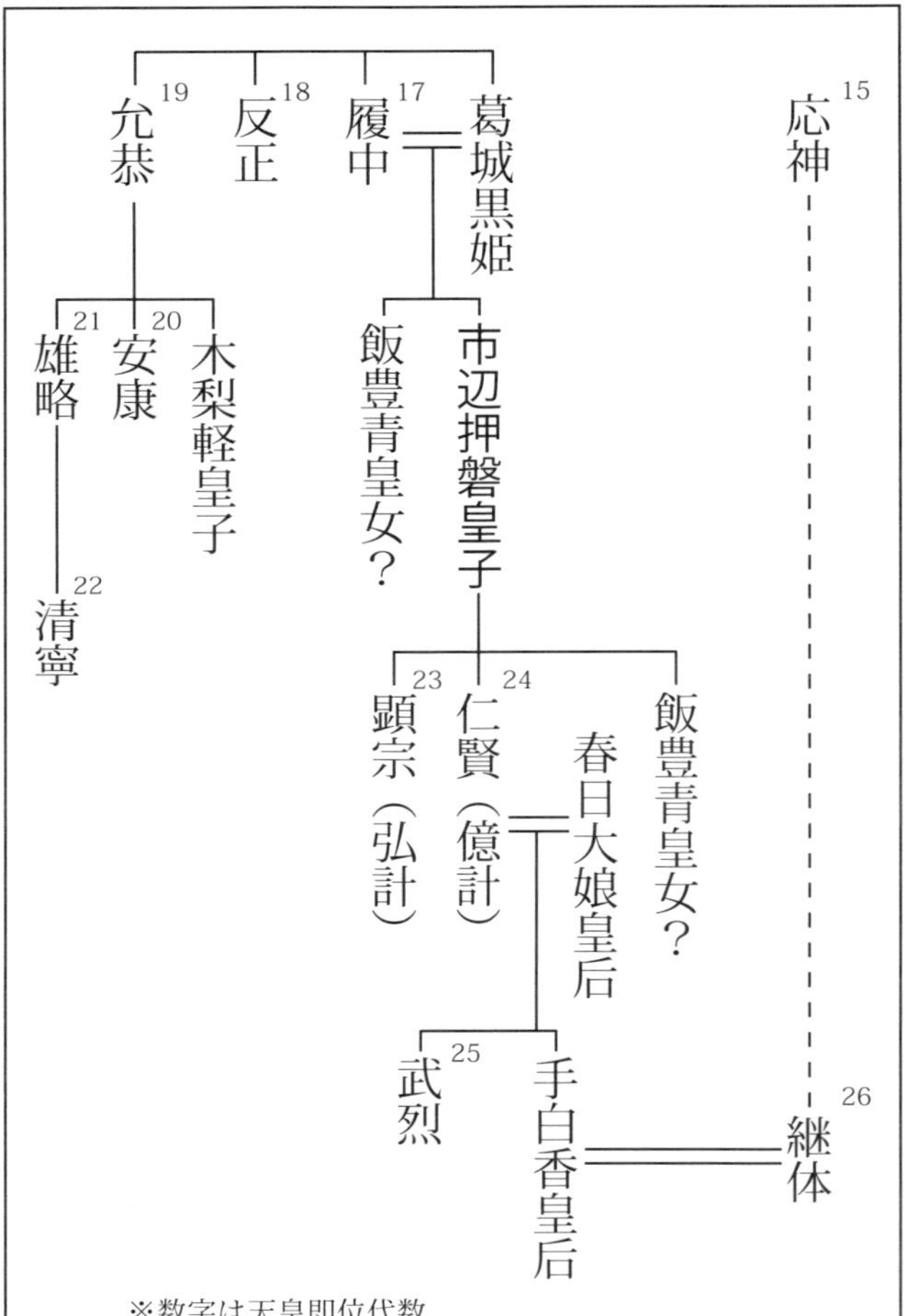

※数字は天皇即位代数

の思いを抑えることができず、雄略天皇の陵を壊そうとした。兄の憶計王は「大泊瀬天皇は正統な天皇であり、その子の白髪天皇（清寧）のご恩でいまの

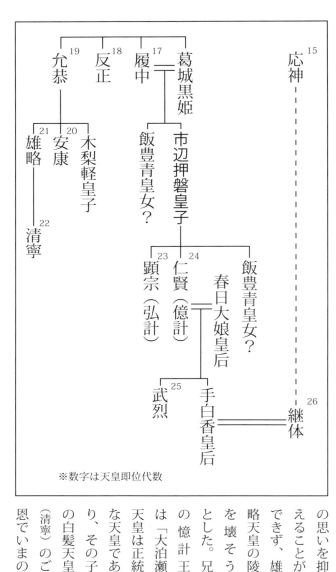

河内大塚山古墳。本当の雄略天皇崚との見方が強い。
壊されたような跡もあり傷みがひどい（大阪府羽曳野市・松原市）

我々はある。陵を破壊すれば人心が乱れてしまう」と諫めた。顕宗は聞き入れて中止した、とする。

『古事記』は少し違う。意祁命（憶計王）が自ら雄略陵へ赴き陵の傍の土を少し掘り、「既に掘り壊わちぬ」と報告、「天皇の陵を壊せば後世の人にそしられる。しかし、仇には報いなければならない。故に少しだけ掘った」と弟の天皇を諫めたと伝える。

雄略天皇陵はいま、大阪府羽曳野市にあるが、どうやら別々の円墳と方墳を前方後円墳のように見立てて治定したものらしい。稀代の英雄を葬る陵としてはあまりにもみすぼらしい。

古市古墳群内にある河内大塚山古墳（羽曳野市・松原市）が本当の雄略天皇陵との見解がある。同古墳は全長三三五メートルもの巨大古墳ながら、ひとつぽつりと陵墓指定からはずれている。前方部が削平されるなど傷みがひどい。まるで壊され、途中で放置されたようでもある。

雄略大王の最後の邪魔者

御馬《みま》皇子

大泊瀬《おおはつせ》皇子（雄略天皇）が、市辺押磐《いちのべのおしわ》皇子を近江の蚊屋野《かやの》で騙し討ちのように射殺したのは、風が冷たくなってきた十月のことだった。同じ月、市辺押磐の同母弟だった御馬《みま》皇子も捕らえて殺した。

御馬皇子は、兄の訃報に接し、親しかった三輪君身狭《みわのきみむさ》のところに身を寄せようとしたのだろうか。三輪の磐井のほとりで待ち受けていた軍に出会い、合戦となったが、すぐに逮捕され、その場で処刑されたと伝える。

皇子は、井戸を指さして、「この水は百姓だけが飲むことができる。王者はこの水を飲むことができない」と呪いのことばを叫びながら首をはねられた、と伝える。

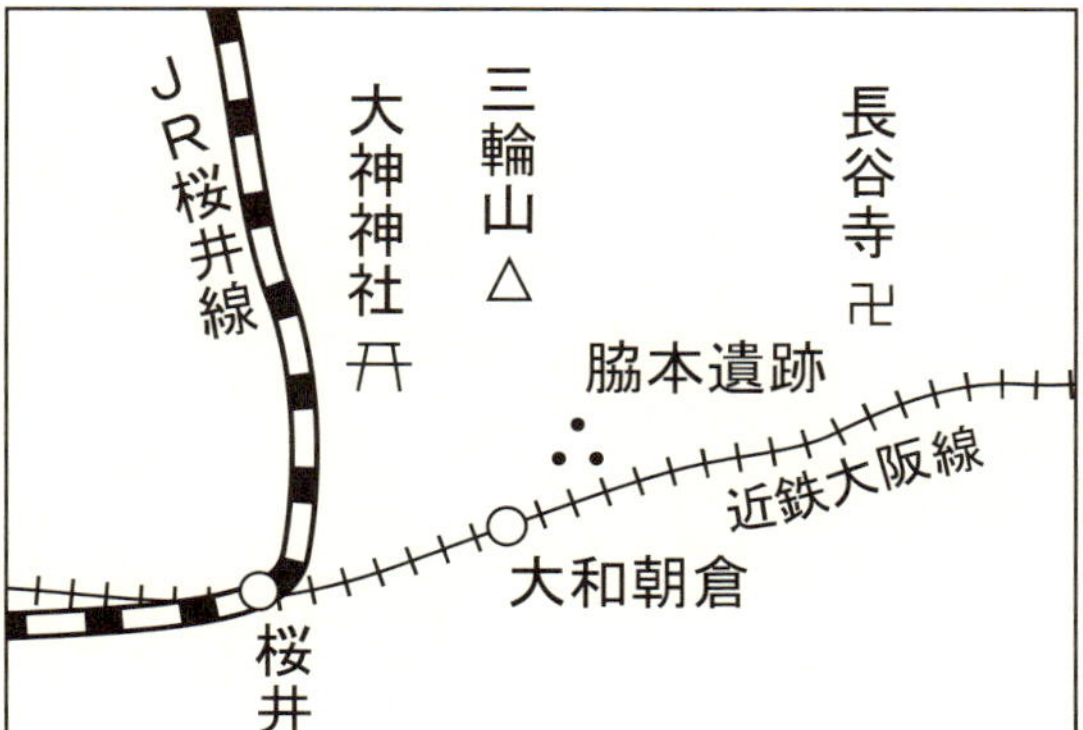

翌十一月、大泊瀬皇子は

泊瀬朝倉宮《はつせのあさくらのみや》で即位して雄略《ゆうりゃく》天皇となった。

同母兄の木梨軽《きなしのかる》皇子から始まり、仁徳《にんとく》天皇の子だった大草香《おおくさか》皇子、その子眉輪《まよわ》王、そして履中《りちゅう》天皇の子の市辺押磐皇子と御馬皇子、皇位継承の有資格者たちを次々と亡き者にしてたどり着いた大王位だった。記紀の伝えるところでは自ら手を下したのは市辺押磐皇子ぐらいだったが、雄略は大王位を手にするためにライバルたちをさまざまな形で追い詰め、次々と消していったのである。

御馬皇子については、履中天皇と葛城黒姫との間にできた子で市辺押磐皇子と同母兄弟だった以外にはよく分からない。ただ、葛城系の有力皇位継承候補者だったことは推測できる。雄略にとって、最高権力を掌中に収めるためには最後の邪魔者だったといえる。

なお、御馬皇子殺害現場の「三輪の磐井」は、いまその所在地は伝わっていない。道で

三輪山と初瀬川(大和川)。「三輪の磐井」の所在地は分からない（桜井市三輪）

待ち受けていた軍と出会って合戦になったと伝えるから、三輪山の西麓を南北に延びていた上ツ道か、あるいはいまの山の辺の道沿いだったのかもしれない。三輪山の麓のどこかであったことは間違いないところだが、具体的な場所を知る手がかりはない。深い謎の闇に包まれている。

多くの「悲劇の皇子たち」の無念の涙を踏み台にしてのし上がった雄略天皇は、「有徳の天皇」と「大悪天皇」の二つの顔をもつ天皇だった、とされる。ライバルたちを倒し、葛城氏などの有力豪族を抑え込み、過去に例がないほどの盤石の政権基盤を確立した専制君主だった。

中国の史書によると、五世紀、列島には「倭の五王」と呼ばれる大王がいた。讃・珍・済・興・武である。一三回にわたって南朝に朝貢した。

『宋書』によると、四七八年、倭王武が「使持節都督　倭・百済・新羅・任那・加羅・秦韓・慕韓七国諸軍事・安東大将軍倭国王」を名乗って上表した。

「封国は遍遠にして藩を外になす。昔より祖禰《そでい》　躬《みずか》ら甲冑《かっちゅう》を環《つらぬ》き、山川を跋渉《ばっしょう》し、寧《ねい》処《しょ》にいとまあらず。東は毛人を征すること五十六国、西は衆夷を服すること六六国、渡りて海北を平らぐること九五国。王道融泰にして、土をひらき畿をはるかにす……」

有名な「倭王武の上表文」の冒頭部分だが、武を雄略とする見方は定説化している。雄略の和風諡号は「大泊瀬幼武《おおはつせわかたけ》」だった。

昭和五十三年（一九七八）、元興寺文化財研究所（本部・奈良市）によるサビ落とし中に発見された稲荷山古墳（埼玉県行田市）の出土鉄剣に刻まれた百十五文字の金象嵌《きんぞうがん》（金錯）銘文には、「獲加多支鹵大王」と刻まれ、ワカタケル大王、つまりオオハツセワカタケ＝雄略天皇のこととされた。

銘文は、「乎獲居臣」という鉄剣の所有者（稲荷山古墳の被葬者であるかどうかは諸説がある）は、「意冨比垝」という上祖から八代目にあ

稲荷山古墳出土の金錯銘鉄剣（裏）
＝所有／文化庁、写真提供／埼玉県立さきたま史跡の博物館＝

銘文（裏）の一部。「獲加多支鹵大王（雄略天皇）の寺（役所）、斯鬼宮（磯城宮）に在る時」と読める（埼玉県教育委員会編『稲荷山古墳出土鉄剣金象嵌銘概報』〈昭和54年〉より）

たること、「杖刀人」という武人の家系だったこと、「獲加多支鹵大王」が「斯鬼宮」にいるときに天下を治めることを佐《たす》けたことを記す内容だった。

鉄剣には「辛亥年」という記年銘が刻まれていたが、これを四七一年の「辛亥年」とみれば、雄略の在位中のことになる。

なお、この鉄剣銘文の発見により、熊本県・江田船山古墳出土鉄剣の銀象嵌銘文にあって蝮之《たじひの》水鹵別＝反正《はんぜい》天皇のことと解釈されてきた「治天下獲□□鹵大王世」についても「ワカタケル大王」とみなされるようになり、雄略天皇が東は関東から西は九州まで統治していたことを示す、と考えられるようになった。

これは、「東は毛人を征すること五十六国、西は衆夷を服すること六六国」とする上表文の記述に通じるところがあり、ヤマト王権の全国統一は五世紀後半の雄略天皇の時代にほぼ完成していた、との考え方が急浮上することになったのである。

雄略天皇の泊瀬朝倉宮は、桜井市の脇本遺跡ではないか、といわれる。五世紀後半の南北に連なる細長い二棟の大型建物遺構の柱穴は直径三〇センチほどもあり、飛鳥時代の宮殿や寺院に匹敵する豪壮さ。一メートル以上に土を埋め立てた大がかりな整地土層や石垣を積んだ堀跡なども見つかっている。

立地場所は、初瀬（泊瀬）川の北岸、近鉄朝倉駅の北東約七〇〇メートル。まさに「泊瀬の朝倉」の地にあたる。同時に、鉄剣銘文に記す

「斯鬼宮」を「磯城宮《しきのみや》」とみなせば矛盾しない磯城《しき》の地にもあたる。背後に三輪山を背負い、「はせ」の谷をさかのぼれば伊勢、あるいは伊賀・近江から東国や北陸に抜ける交通の要衝である。

発掘調査が開始されてすでに三十年が経過するが、確定させる発掘成果が待たれる。

雄略天皇の泊瀬朝倉宮（磯城宮）跡の可能性がいわれる脇本遺跡付近（桜井市脇本）

「吉備の反乱」に賭けて、敗れた
星川皇子《ほしかわ》

英雄でもあり、暴君でもあった雄略《ゆうりゃく》天皇は在位二十三年でこの世を去った。葛城韓媛《かずらきのからひめ》を母とする白髪《しらか》皇子が即位して清寧天皇となった。

白髪皇子は第三子だった。吉備上道臣《きびのかみつみちのおみ》の娘の稚媛《わかひめ》が産んだ二人の兄があった。長子は磐城《いわき》皇子、第二子が星川《ほしかわ》皇子だった。

『日本書紀』によると、磐城皇子と星川皇子に母の稚媛は、「天皇の地位に即こうとするなら、まず大蔵の官を取れ」と教えた。総理になろうとすればまず大蔵大臣（いまは財務大臣）に、ということなのか、いずれにしても国の財政のことをよく知り掌握しろということだろう。

磐城皇子は反対したが、星川皇子は母の意向に従って大蔵の官を取り、財物を欲しいままにした。このため、大伴室屋大連《おおとものむろやおおむらじ》は東漢掬直《やまとのあやのつかのあたい》に命じて軍を発し、大蔵を囲み、火をつけて星川皇子を焼き殺した。母の稚媛もいっしょに焼き殺されてしまった。

報せは、稚媛の実家の吉備《きび》（岡山県と広島県東部）にも届いた。吉備上道臣らは軍船四十艘を出して、海を渡ろうとした。しかし、稚媛と星川皇子が既に焼き殺されてしまったこ

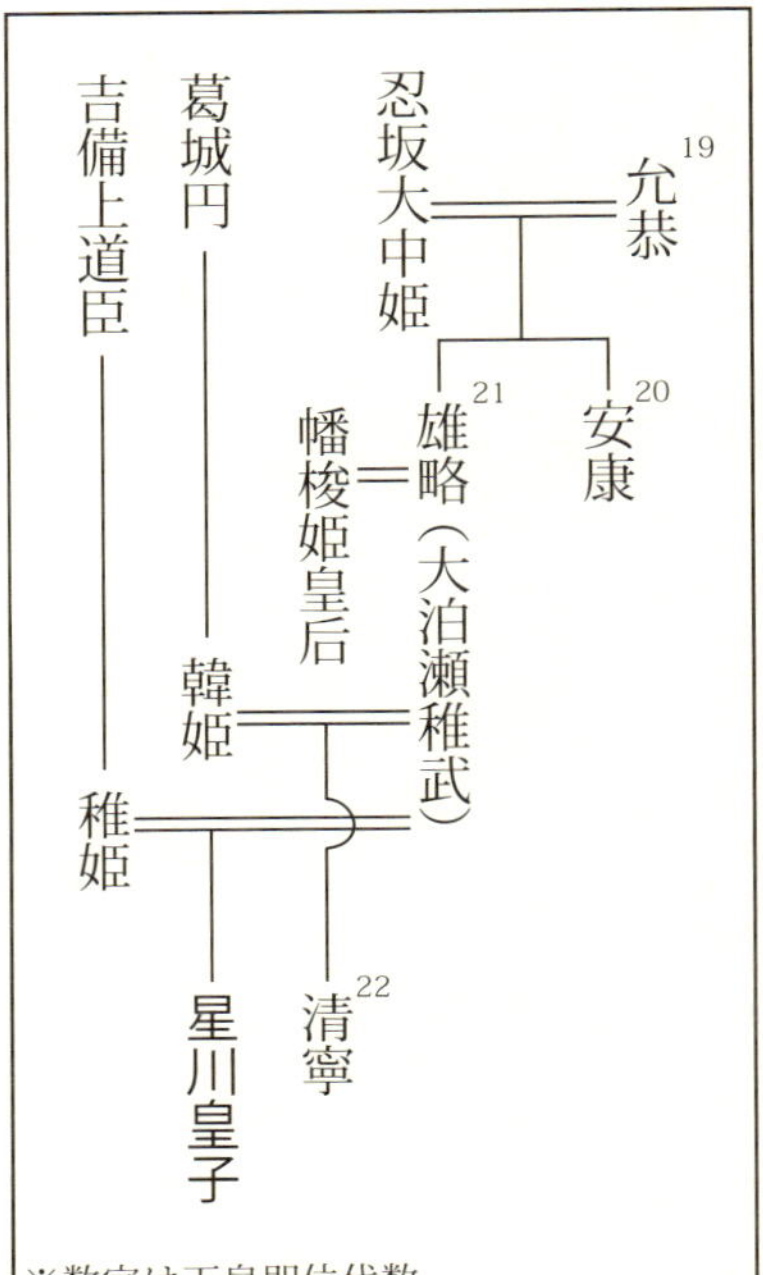

※数字は天皇即位代数

とを知り、途中で引き返した。

『日本書紀』は、雄略天皇は死のまま際に「星川皇子は心に悪意をいだき、乱暴である」と遺言したと記す。また、この星川皇子事件の下敷きとなる雄略天皇時代の「吉備の反乱」事件を二つ伝える。

一つは雄略七年八月のこと、こんな情報が入った。吉備下道臣前津屋《さきつや》は、小女を天皇、大女を自分として闘わせ、小女が勝つとすぐさま殺した。また、毛を抜き翼を切った小さい雄鶏を「天皇の鶏」と呼び、「自分の鶏」と呼ぶ大きな雄鶏と闘わせた。「自分の鶏」には銀や金の距《あこえ》(けづめ)を着けて闘わせた。小鶏が勝ったら刀を抜いて殺した――という。

怒った天皇は兵を出し、前津屋と同族七〇人を謀殺した。

いま一つ、雄略七年是歳のこととして次の話を載せる。

稚媛は、本来、吉備上道臣田狭《たさ》の妻だった。田狭は都で、「天下の美人で、私の妻に及ぶ者はない」と大いにのろけ回っていた。これを耳にした雄略天皇は、稚媛を自分のものにしたいと思い、田狭を任那国司に任命した。田狭が単身赴任中、雄略は稚媛を奪ったのである。

納まらないのは田狭。新羅と通じてしまった。天皇は、田狭の子の弟君《おとぎみ》と吉備海部直赤尾《きびのあまのあたいあかお》に新羅討伐を命じた。ところが弟君も赤尾も田狭の反乱に加わった。弟君の妻の樟媛《くすひめ》は天皇への忠義心から謀反に加わった夫を殺したとするが、この反乱事件以降、倭国は新羅や高麗《こま》（高句麗）と激しい戦闘を繰り広げていくことになる。書紀は、膳臣斑鳩《かしわでのおみいかるが》、紀小弓宿祢《きのおゆみのすくね》、蘇我韓子宿祢《そがのからこのすくね》、大伴談連《おおとものかたりのむらじ》ら多数の将軍たちの華々しい活躍や悲惨な戦死を伝える。吉備からは上道采女大海《かみつみちのうねめのおおしあま》が倭国軍として参加したと記すが、田狭はどうなったのか、消息はぱったり途絶えてしまう。

一連の「反乱」記事は、近畿の大王権（ヤマト王権）に対する吉備王国の反乱、あるいは近畿勢力と吉備勢力の闘いという史実を反映した物語という見方が定着している。

岡山平野には、多くの弥生時代の遺跡がある。埴輪の原型とされる特殊壺や特殊器台をもつ墳丘墓が造られた。直弧文や弧帯文もこの平野で産声を上げたが、これら弥生時代から古墳時代への橋渡しとなった特徴的な遺物は纏向遺跡や箸墓古墳からも発掘され、邪馬台国紛争ともからまって大いに注目されている。

造山古墳。全国第４位の巨大前方後円墳、吉備地方の勢力の強大さを伝える（岡山市北区）＝岡山県古代吉備文化財センター提供

岡山市の造山《つくりやま》古墳（全長三五〇メートル）は、仁徳《にんとく》陵、応神《おうじん》陵、履中《りちゅう》陵（いずれも大阪府）について全国四番目の巨大さ、総社市の作山《つくりやま》古墳（全長二七〇メートル）は全国第十二位の大きさ。岡山平野東部の田狭や稚媛の里とされる赤磐市（旧山陽町）にも、吉備第三位、全長一九四メートル、周囲を濠で囲まれた堂々たる両宮山古墳がある。

こうした考古学的事実から、吉備には独自の政権が存在し、時にはヤマト政権に拮抗する勢力を有していた、との考え方が根強い。『古代吉備王国の謎』（新人物往来社、１９７２年）を著した間壁忠彦・葭子夫妻は、「吉備には、すくなくとも応神や仁徳の陵に負けない自己の墓をつくることのできる人物がいたことを示唆している」と述べている。

両者の関係について真壁夫妻は、ヤマト王権側が、瀬戸内海の要にある地の利や伝統的な生産力、豊富な鉄資源などをバックにした吉備勢力をフルに利用しようとしたのに対し、吉備勢力側も強い生産力と資源力をバックに強大化するヤマト王権に擦り寄り、強力な豪族として中央政権に参与していたものとみる。同時に、田狭や稚媛や星川皇子の反乱は、中央政権の奪取という吉備勢力の夢を果たそうとしたか。果たすことのできなかった賭けでもあったと考える。

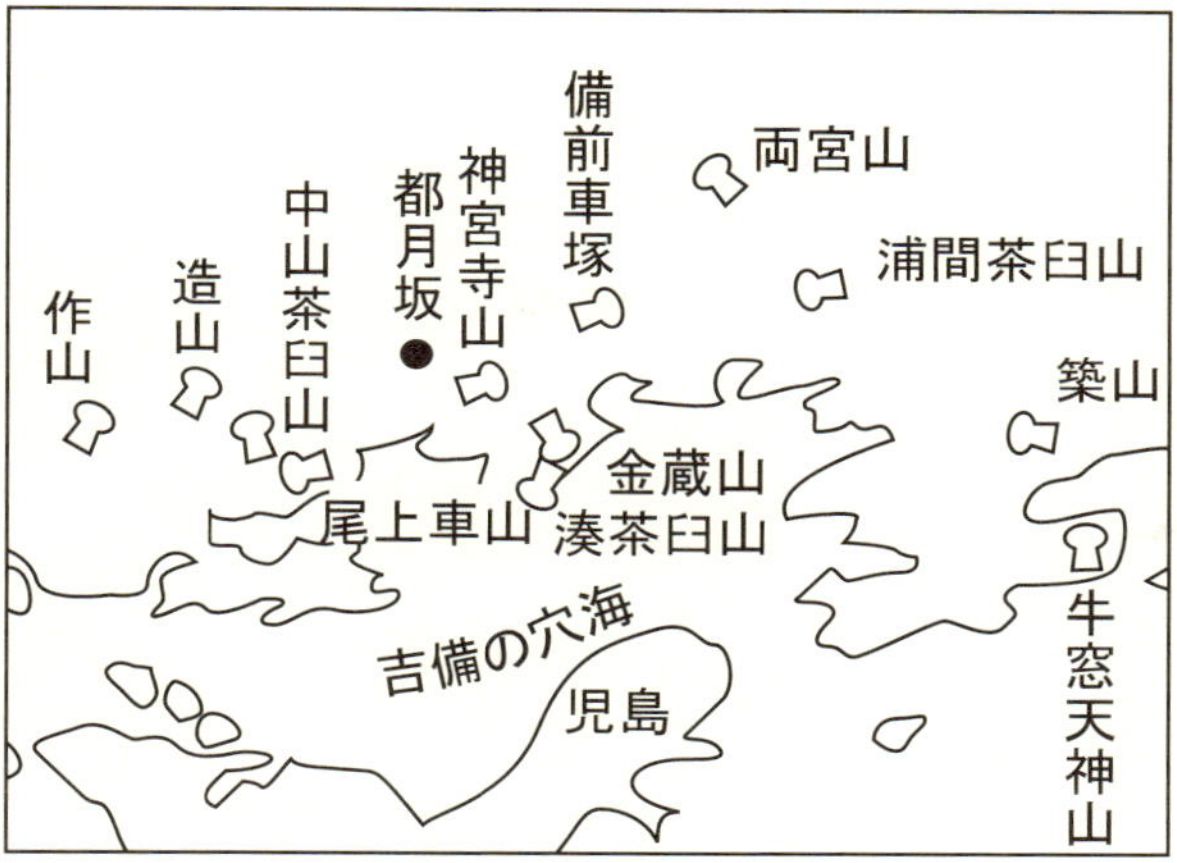

『吉備の国』（学生社、１９７５年）を著した西川宏氏も真壁夫妻とほぼ同様の見方だ。三つの反乱伝承について近畿の大王権力に迫った武力蜂起であり、朝鮮半島を巻き込む大規模な反乱事件だったとみる。豊かな経済力と強力な軍事力を背景にした吉備が近畿政権と覇権を競ったと考える。ただ、死力を尽くして闘った筑紫磐井《いわい》の叛乱とは本質的に異なり、ヤマト王権内部に生じた軋轢だったとみる。

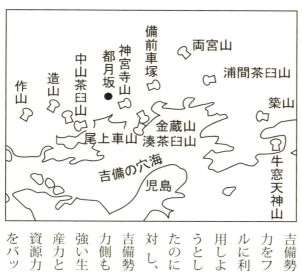

ヤマト王権と吉備勢力の関係は、協調と対抗の微妙なバランスの上に乗っていたとみるべきなのだろう。田狭や星川皇子の叛乱伝承

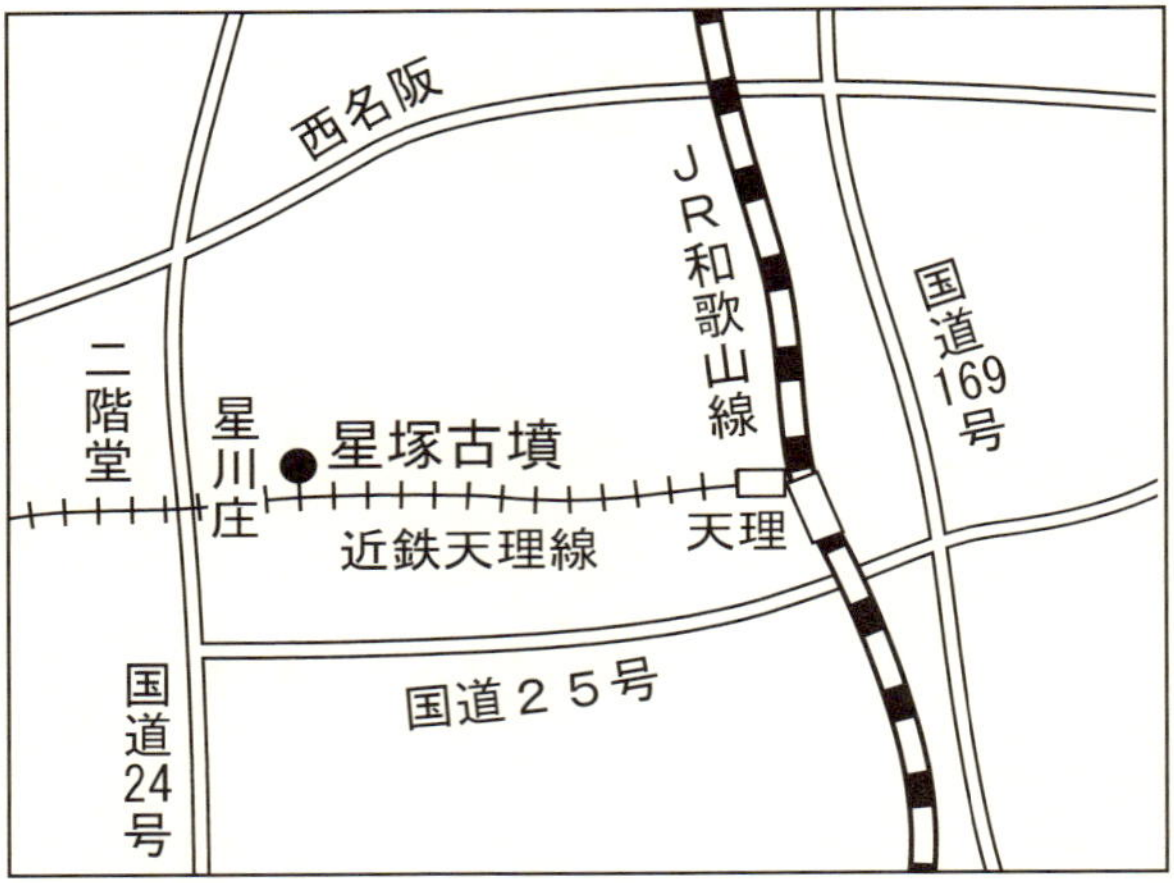

の時代と考えられる巨大古墳の時代だけのことではない。邪馬台国時代、畿内と吉備の勢力が中心になって倭国の卑弥呼を共立したとの見方は、邪馬台国畿内説の論者の間で常識化しつつある。神武東征伝承でも、神武は三年間、吉備の高嶋宮でとどまって軍船を整えた、と伝える。畿内と吉備は、古代国家成立に関わる二つの重大拠点だったことは間違いない。

星川皇子は、吉備勢力の血を引く皇子ではあったが、住居は畿内のどこかにあったはずである。どこに住んでいたか、定かな記録はないが、一つの推定候補地に天理市西部がある。二階堂上之庄町から荒蒔《あらまき》町、南六条町あたりに、中世の興福寺文書に登場する「星川

庄」が比定され、二階堂上之庄町には「星塚古墳」がある。

昭和六十年（一九八五）の調査で、星塚一号墳の周濠かマツの木で造った「最古の古代笛」が出土して注目された。木製の横笛で、朝鮮半島から渡来した工人が作った葬送用とみられた。試奏すると、広音域のきれいな音が出た。

星塚２号墳から出土したマツの木の笛
（天理市教育委員会提供）

発掘調査中の星塚古墳。１号墳㊨に隣接して２号墳が見つかった（天理市教育委員会提供）

一号墳からは、朝鮮半島南部の加羅地方で出土するものと酷似した須恵器の器台が、二号墳からは、やはり朝鮮半島製とみられる、亀甲つなぎ双鳥文様を金銀象嵌した柄頭がある大刀が出土している。

星塚は朝鮮半島との何らかのつながりを暗示する。一方、星川皇子の反乱事件は、朝鮮半島と強いつながりをもつ事件だった。しかし、星塚と星川皇子と結びつける物的証拠はもちろん、伝承らしきものも何もない。

藤ノ木古墳の被葬者？

穴穂部皇子《あなほべ》

敏達《びだつ》天皇がその十四年（五八五）八月に亡くなった。殯宮《もがりのみや》を広瀬に造った。

殯《もがり》は、埋葬までの間、遺体を喪屋《もや》（大王の場合は殯宮）に安置し、遺族や近親者が死者の霊を慰める儀式。和田萃氏によると、六世紀はじめごろから特に大規模になり、大王の殯では、誄儀礼を繰り返し、最後に日嗣《ひつぎ》（王統譜）が奏上され和風諡号《しごう》が献呈されるなど、大王位（皇位）継承儀礼としても重要な意味を持っていた、という。広瀬は北葛城郡広陵町あたり、曾我川と葛城川にはさまれた低地だったとみられている。

広瀬の殯は不穏な空気に包まれることが多かった。蘇我馬子《そがのうまこ》大臣が誄《しのびごと》をすると、物部《もののべの》守屋《もりや》大蓮が「まるで猟箭《ししや》（狩猟用の矢）で射られた雀のようだ」とあざ笑った。守屋が手足をふるわせながら誄をすると、こんどは馬子が「鈴を懸けたら良い」とけなした。不穏な空気に包まれた。

欽明天皇の時に伝わった仏教（『日本書紀』が伝える五五二年説と、「元興寺伽藍縁起」などが伝える五三八年説がある）を受容するかどうかをめぐって、二人は対立を深めていた。排仏派の代表が物部氏、崇仏派の代表は蘇我氏だったことはよく知られるところ。

その広瀬の殯宮には、敏達天皇の異母弟にあたる穴穂部《あなほべ》皇子もよく出入りした。突然、「どうして死んでしまった王のもとに奉仕して、生きている王のもとに仕えようとしないのか」と怒鳴り散らしたようなことがあった、書記は書く。

穴穂部皇子は、兄敏達の後継として、皇位に即くことを強く願っていたらしい。ところが、蘇我馬子が推した橘《たちばなの》豊日尊《とよひのみこと》が、敏達の死から一カ月も経たぬうちに即位、用明《ようめい》天皇となった。敏達も用明も、そして穴穂部皇子もいずれも欽明《きんめい》天皇の子。穴穂部にとって用明はかなり年上だったとみられる。二人は異母兄弟だったとはいえ、用明の母は蘇我稲目の娘堅塩媛《きたしひめ》、穴穂部の母は堅塩媛の妹の小姉君《おあねのきみ》だった。きわめて近い血縁関係にあった。用明の即位は決して理不尽なものではなかったはず。ところが穴穂部はなぜか、よほどの不満とイラダチを募らせていたようだ。

穴穂部は翌年の五月、殯宮に奉仕していた

広瀬の地にある広瀬神社（奈良県河合町）

炊屋姫皇后《かしきやひめ》（敏達皇后、のちの推古天皇《すいこ》）を犯そうと殯宮に押し入ろうとしたが、三輪君逆《みわのきみさかう》に追い返される。三輪君逆は先帝（敏達）の一番の寵臣だった。必死に殯宮を守ろうとしたのだろう。穴穂部は七度にわたって「門を開け」と叫んだが押し返されたという。

穴穂部はカンカンに怒った。「あいつを斬ってしまいたい」。二人の大臣（馬子と守屋）も「ごもっともです」とうなずく以外になかった。

穴穂部は逆を殺すことを口実に、物部守屋とともに軍を率いて磐余池辺宮《いわれのいけべのみや》を囲んだ。逆は逃げ、三輪山に隠れた。穴穂部は逃げた逆を追おうとした。駆け付けた蘇我馬子のために阻止されたが、やがて、守屋が「逆を斬って参りました」と報告してきた。一書によると穴穂部自身が射殺した、とある。

それからまもなく、用明天皇が病に倒れた。病弱だったらしい。五八七年四月、即位二年目にして亡くなる。守屋は、野心満々の穴穂部を立てて天皇にしようと河内の阿都《あと》（現八尾市）に軍衆を集めた。

一方、馬子は炊屋姫を奉じて軍を起こし、まず、佐伯連丹経手《さえきのむらじにうて》らに穴穂部皇子の殺害を命じた。皇子の宮を攻めると、皇子は楼の上に登り防戦した。しかし、馬子軍によって肩を切りつけられ楼の下に転落、近くの建物の中に逃げ込んだが、見つかり、殺された。穴穂部と親しい仲だった宅部皇子《やかべ》（宣化《せんか》天皇の皇子）も襲われ、殺された。

続いて、馬子は諸皇子宮や群臣に決起を呼びかけた。泊瀬部皇子《はつせべ》（のちの崇峻《すしゅん》天皇）、竹田皇子、厩戸皇子《うまやど》（聖徳太子）、難波皇子、春日皇子、紀男麻呂《きのおまろ》、巨勢比良夫《こせのひろぶ》、膳傾子《かしわでのかたぶこ》、葛城烏那羅《かずらきのおなら》らが馬子の呼びかけに呼応、参戦した。大伴臣、阿倍臣、坂本臣、春日臣らも出陣、守屋の渋河《しぶかわ》の家（東大阪市）に軍を進めた。

守屋に味方したのは中臣勝海連《なかとみのかつみむらじ》くらい。軍勢に圧倒的な差があった。守屋は「渋河の家」で戦死。大和川の餌香川原《えがのかわら》には斬られて死んだ人々の遺骸が数百も折り重なったという。やがて腐乱して姓も名も分からなくなり、遺族らは衣服の色などわずかな手がかりで遺骸を引き取った、という。

崇仏・排仏戦争。天皇は欽明、敏達、用明の三代、蘇我氏は稲目《いなめ》、馬子《うまこ》、物部氏は尾輿《おこし》、守屋《もりや》のそれぞれ父子二代にわたった崇仏・排仏の相克に決着がついた。そして蘇我氏による独裁的権力体制が確立する。

決戦の場となった「阿都」と「渋河の家」は、八尾市西部の亀井、跡部、太子堂あたりだったと推測されている。太子堂にある大聖軍寺は聖徳太子がこの戦争（丁未《ていび》の変ともいわれる）の後、建立したと伝える。

大聖勝軍寺。付近に物部守屋の本拠地があったと伝える（八尾市太子堂）

大きな時代の流れの中

で、あたかもはかない水泡のようにはじけ散っていったのが穴穂部皇子だった。

斑鳩・藤ノ木古墳は法隆寺南大門西約三五〇メートルにある。直径約五〇メートルの円墳。昭和六十年（一九八五）、範囲確認調査が行われ、明日香の石舞台古墳を一回り小さくした横穴式石室の中から朱塗り石棺と豪華な透かし彫り文様を施す鞍金具などの金銅製馬具が発見され、世間を驚かせた。

鮮やかな朱塗り石棺は盗掘を受けていない、稀にみる未盗掘棺。昭和六十三年（一九八八）、全国民の注視を集めて開棺調査が行われた。最大な難題だった石棺の蓋開けも奈良市の石工、左野勝治さんの献身的な努力で無事成功し、成人男性二体の合葬が明らかになった。

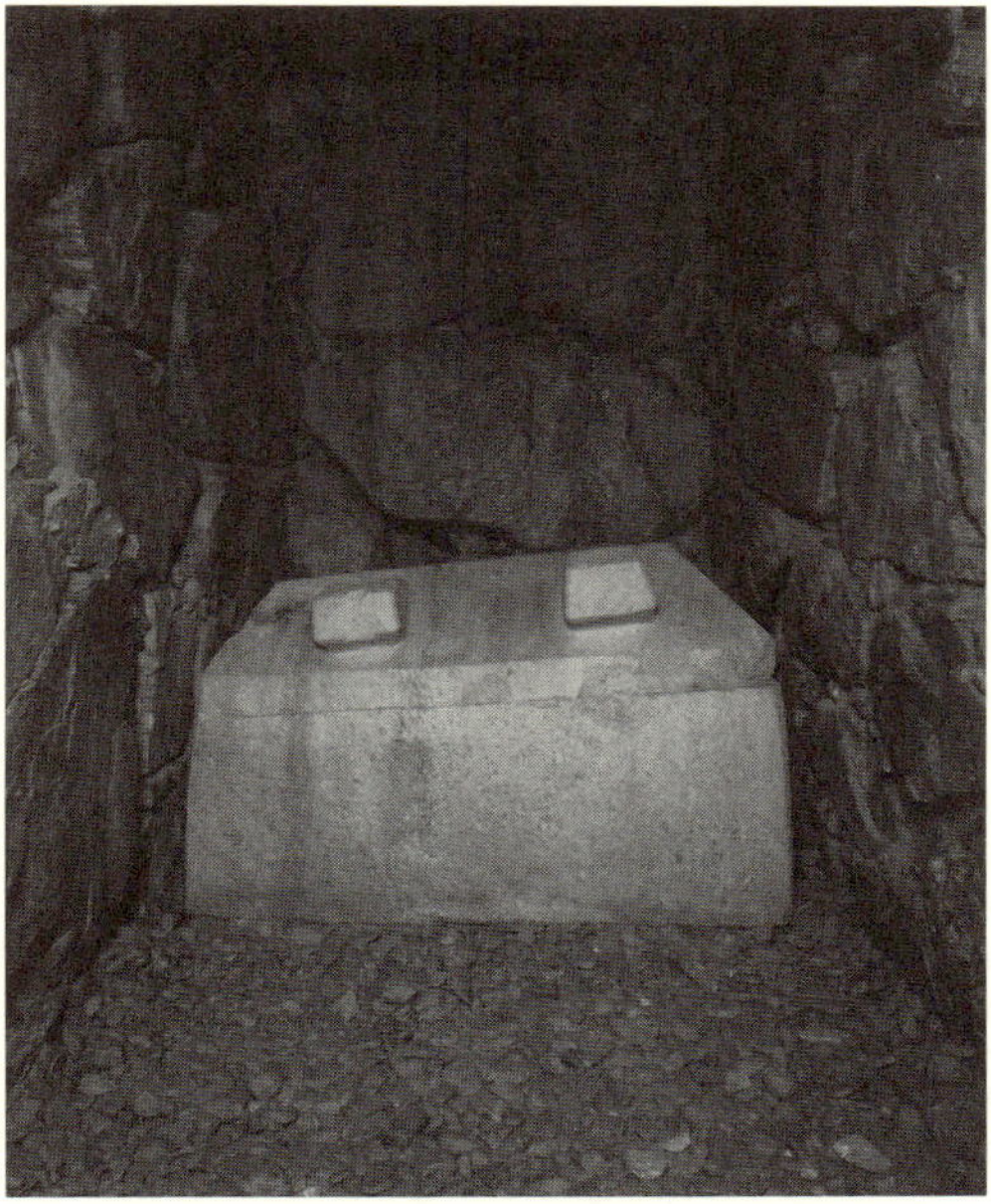
藤ノ木古墳の石室。未盗掘石棺が注目された（橿原考古学研究所提供）

誰が葬られていたのか。被葬者候補は、幾

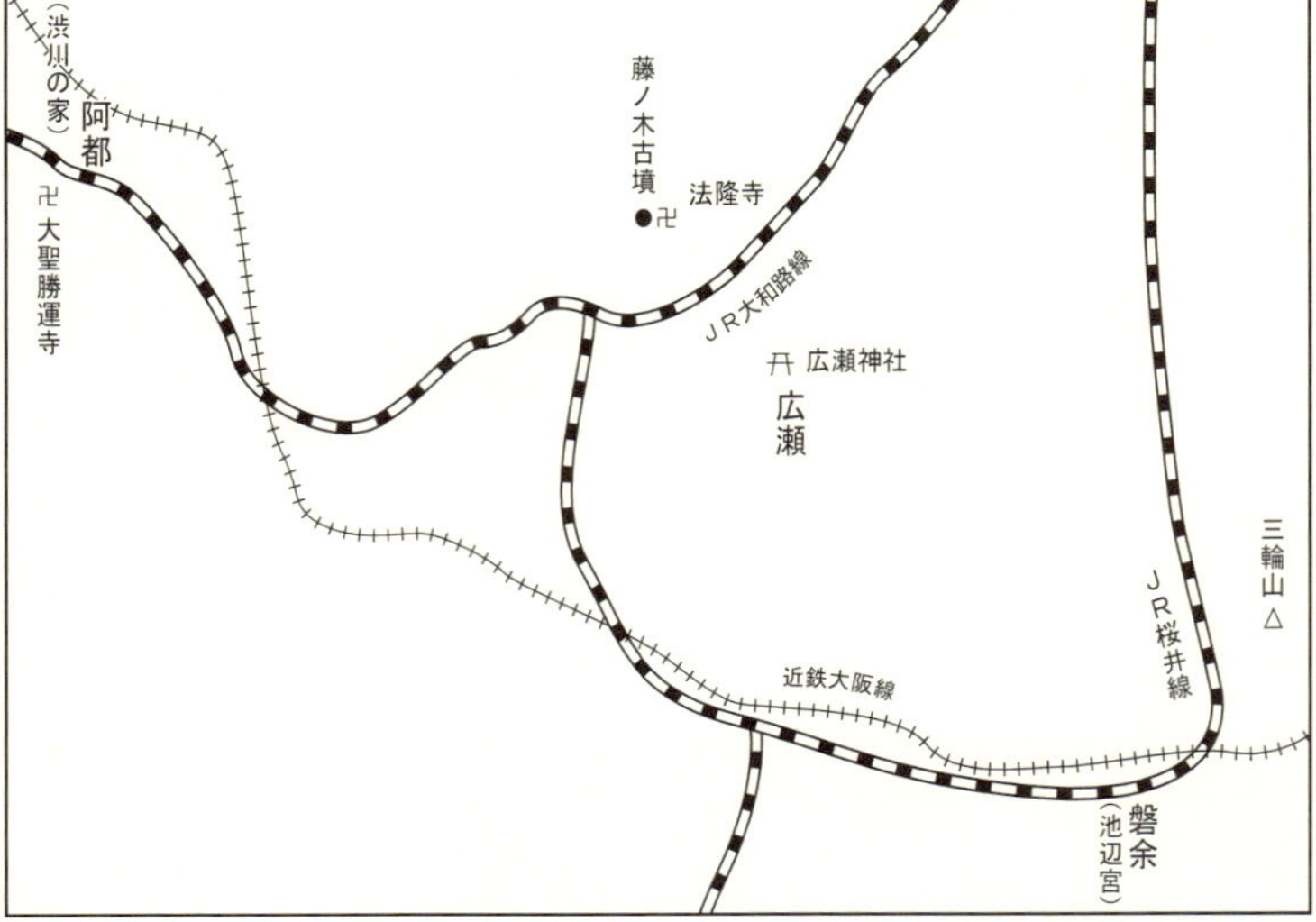

人にも上っている。トップクラスの有力者を葬ったことは間違いなく、崇峻天皇も有力候補者だった。

　橿原考古学研究所員として開棺調査を担当した前園実知雄氏は、二人の被葬者は穴穂部皇子と宅部皇子だったと考えている。前園氏の著書『斑鳩に眠る二人の貴公子　藤ノ木古墳』（新泉社）によると、出土土器から古墳の築造時期は六世紀後半から末葉であることが分かった。年代的に矛盾しない。棺内には、金銅製品、銀製品、おびただしいガラス玉などが残され、新来のきらびやかな装具で身を飾る被葬者像が浮かんだ。一方で大刀など副葬品は伝統的な倭風スタイルを踏襲していた。その豪華さから大王権との深い係わりを考えざるを得なかった。

人骨鑑定結果では、北側被葬者は二十歳前後のわりに華奢な体格の男性、南側被葬者は骨の残りがきわめて悪かったが、二十～四十歳の壮年男性。北側被葬者の装具の方が圧倒的に優り、二人の身分、立場の違いをうかがわせた。

棺内の遺物に混じってベニバナとアカガシの花粉が見つかった。ベニバナは防腐剤として用いられていた可能性が高いが、アカガシの花粉は遺骸の納棺時にまぎれ込んだものらしい。納棺の時期はアカガシの花粉が舞う初夏だった、と前園氏は推測する。

穴穂部皇子が殺されたのは五八七年の夏四月七日、まさに初夏だった。宅部皇子は翌日に殺されたと伝える。

藤ノ木古墳石棺内遺物。男性被葬者２体ときらびやかな装身具などの埋納が明らかになった（橿原考古学研究所提供）

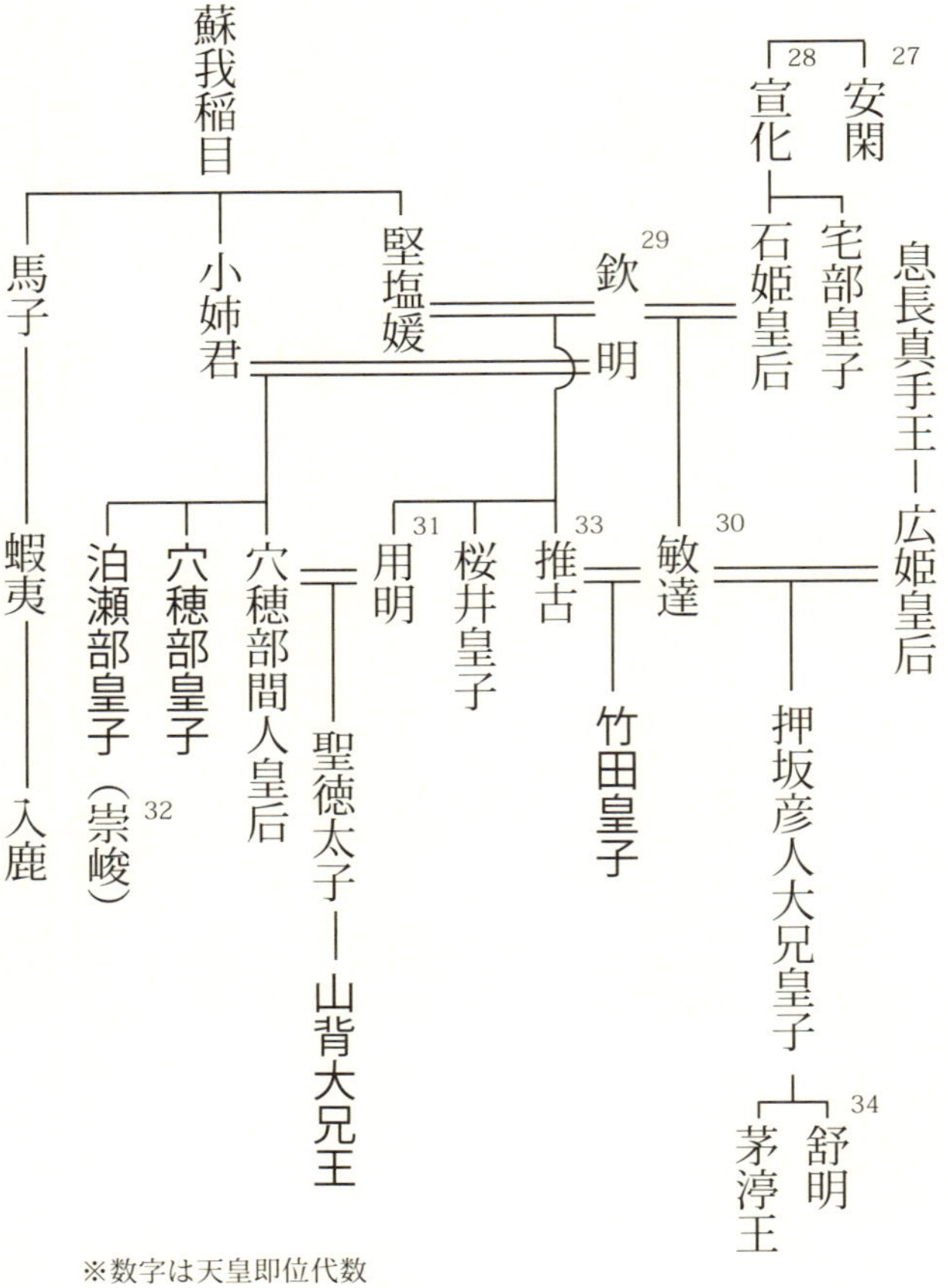

※数字は天皇即位代数
※太字は本書で取り上げた「悲劇の皇子」

臣下に殺された唯一の天皇
泊瀬部《はつせべ》皇子
（崇峻天皇）

崇仏・排仏戦争で、物部守屋《もののべのもりや》が蘇我馬子《そがのうまこ》らに討たれ、物部本宗家が滅んだ直後の五八七年八月、泊瀬部《はつせべ》皇子が即位した。崇峻《すしゅん》天皇である。

皇位は、用明《ようめい》天皇が四月になくなって以来、穴穂部皇子事件や崇仏・排仏戦争などの混乱が続くなか、四カ月にわたり空位となっていた。

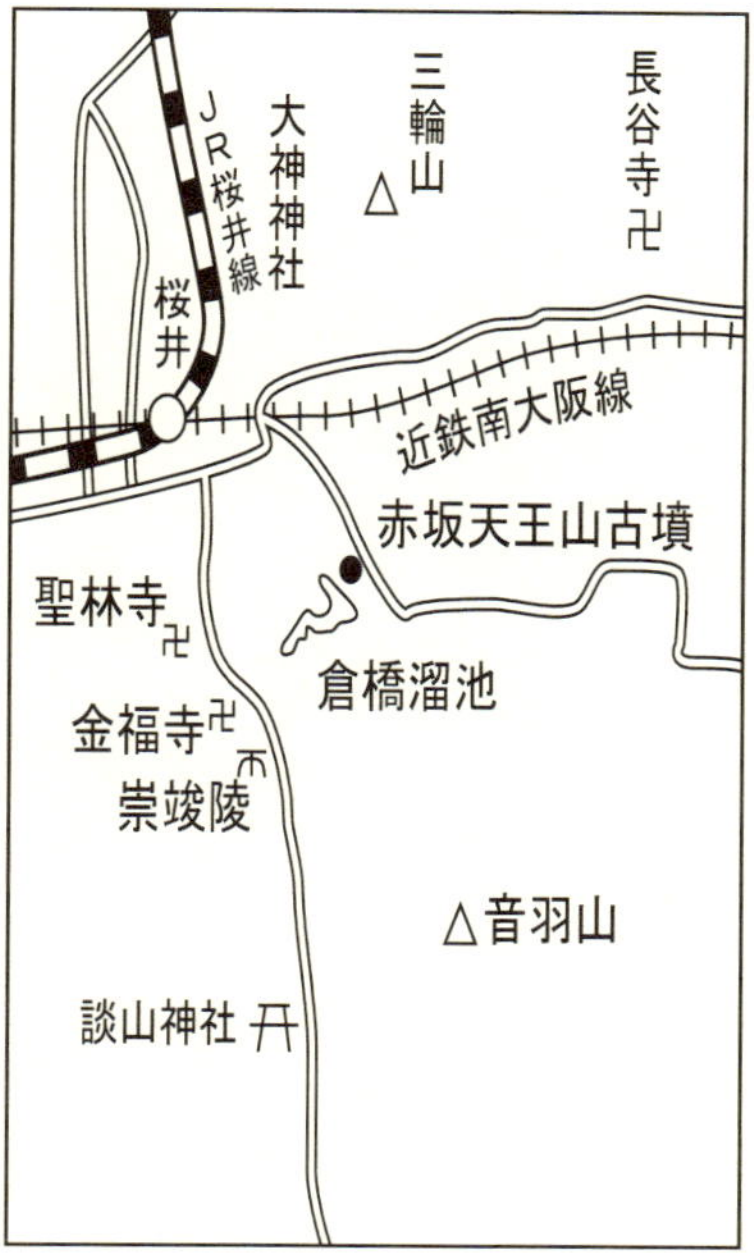

炊屋《かしきや》姫が推挙して皇位に就けた、と書記は伝える。馬子の積極的な後押しはなかったようである。

崇峻天皇は倉梯《くらはし》（桜井市倉橋）に宮を営んだ。倉梯柴垣《くらはしのしばかき》宮である。倉橋は桜井市から多武峰方面へ寺川（倉梯川）を逆上った地。南側に、音羽山、熊ヶ岳、竜門岳など竜門山塊の急峻な山が

雪の倉梯。寺川の谷間に崇峻天皇の倉梯柴垣宮があったと伝える（桜井市倉橋）

迫る。倉梯宮伝承地は、昼薄暗い谷底ともいえる場所。崇峻天皇は幽閉状態に置かれていたのでは、という見方も少なくない。

崇峻五年（五九二）十月、イノシシを献上した者があった。天皇は指さし、「いつかはこのイノシシの頸を斬るように、きらいな男を斬ってしまいたいものだ」と言った。武器も用意した。

伝え聞いた馬子は、自分が憎まれていることを恐れ、徒党を集めた。十一月三日、東漢《やまとのあや》直《あたい》駒《こま》に命じて天皇を暗殺させた。その日のうちに倉梯《くらはし》岡《のおかの》陵《みささぎ》に葬った。

〈巻第二十一・崇峻天皇〉

後にも先にも例のない、臣下による天皇弑《しい》

逆《ぎゃく》事件である。

泊瀬部皇子は、欽明《きんめい》天皇の第十二子。小《お》姉君《あねぎみ》との間に生まれた皇子で、「敏達《びだつ》天皇殯宮《もがりのみや》事件」で物部守屋の後押しで皇位に野心を示した穴穂《あなほ》部《べ》皇子とは同母兄妹にあたる。守屋―穴穂部ラインに近かったが、穴穂部の死後は馬子側に乗り換え、守屋討伐軍にも加わった。ただ、馬子との路線対立、感情対立は解消されないままだったらしい。

崇峻がなくなった後、皇位に就いたのは豊《とよ》御食炊屋《みけがしきや》姫、推古女帝だった。

倉橋川（寺川）＝桜井市倉橋＝

推古は、欽明天皇と堅塩姫《かたし》（蘇我稲目の娘）の間に生まれた。母は異なるが崇峻の姉かい妹にあたる。欽明三十二年（五七二）、十八歳で異母兄の敏達天皇の妃となり、敏達五年（五七六）、二十三歳のとき皇后となった。前年に広姫皇后が死去したため、と書記は伝える。三十二歳で夫・敏達と死別し、その殯宮で穴穂部事件に、さらに蘇我・物部決戦と崇峻暗殺事件に遭遇した。馬子は常に炊屋姫を奉じて戦った。守屋追討の「錦の御旗」は推古だった。

未曾有の天皇暗殺に続いて、やはり前例のない女帝の登極。蘇我氏の独裁権力体制の確率を意味した。

倉梯柴垣宮は、桜井市倉橋の寺川の渓流沿いにある金福寺あたりと伝承する。付近は「天

崇峻天皇陵。付近は倉梯柴垣宮の伝承地で、
柴垣神社や金福寺もある（桜井市倉橋）

皇屋敷」とも伝承され、柴垣神社や宮内庁が治定する崇峻天皇の倉橋岡陵もすぐ近くにある。

治定された寺川沿いの崇峻陵は樹林に覆われるが、実際に墳墓かどうかも分からない状況。第一に、谷底にあって岡にはない。本当に崇峻陵か、疑問が持たれている。

これに対して、北東約一・六キロに倉橋ため池のたもとにある赤坂天王山古墳（国史跡）こそ本当の崇峻陵との見方が有力。

一辺約四五メートルの大形方墳。南側に横穴式石室が開口。花こう岩の巨石を積み上げて造り、全長約一五メートル。天井の高さが四・三メートルもある。玄室のほぼ中央に、凝灰岩製のくり抜式家形石棺が南北に納められている。

集落からは離れているとはいえ倉橋の地に

赤坂天王山古墳。本当の崇峻天皇陵との見方は強い
（桜井市倉橋）

あり、名前も「天王山」。考古学からみた築造時期にも矛盾はなく、同古墳を崇峻陵と確

信する研究者も多い。奈良奉行所も同古墳を崇峻陵としていたことがあった。

「即日埋葬」の記事をどう解釈するかという問題はある。四年余りの在位中に構築していたのだろうか。

本書は、皇位に野心を示したために排除されるなどの悲劇に遭遇した皇子たちを取り上げている。天皇まで登りつめた皇子は、本当は対象外である。しかし、泊瀬部皇子・崇峻天皇だけは書かずにおけなかった。

母・推古女帝と眠った竹田皇子《たけだ》

推古天皇は、諱《いみな》を額田部皇女《ぬかたべ》、諡号《おくりな》を豊御《とよみ》食炊屋姫《けかしきや》といった。欽明天皇と堅塩媛《きたしひめ》（蘇我稲目《いなめ》の娘）の間に生まれた第四子。即位したときは三十九歳。六二八年、七十五歳で死去するまで、在位は三十六年に及んだ。

推古は、蘇我氏が次々と対立者を排除して独裁権力の確立をはかる過程で大いに利用された。別の言い方をすれば、推古は蘇我氏の「野望」にとってなくてはならない頼みの綱だった。

向原寺（明日香村豊浦）

推古天皇は即位して、はじめは豊浦宮《とゆら》、次

向原寺境内にある「推古天皇　豊浦宮跡」の碑
（明日香村豊浦）

いで小墾田宮《おはりだ》に住んだ。豊浦宮は、明日香村豊浦の集落にある浄土真宗・向原寺《こうげん》の境内から見つかっている石敷き遺構や建物跡などがそれに当たると考えられている。小墾田宮跡は飛鳥川をはさんだ北側一帯にあたりが有力視されている。

推古は即位の翌年（五九三年）、厩戸皇子（聖徳太子）を皇太子に立て、政務のすべてを委ねた、と書記は記す。「太子と嶋大臣（馬子）がともに政治を輔《たす》けた」とも伝え、推古、太子、馬子による共同執政が微妙なバランスを保ちながら進められたらしい。

蘇我馬子が推古天皇に対し、「葛城県《かずらきのあがた》は私のもともとの居住地。永久にこの県を賜って封県《よさせるあがた》としたい」と申し入れたのに対し、推古女帝は「自分は蘇我の出身で、叔父の大臣の言ったことはどんなことでも聞き入れてきました。しかし、自分の治世に葛城県を失ってしまうようなことがあっては、後代、『愚かでかたくなな婦人が天下を治めたためにその県を滅ぼしてしまった』と言われるでしょう。そんなことがあれば私が不明だったということだけでなく、大臣も不忠とされ、後代に悪い名を残すことになるでしょう」として頑として受け入れなかったという有名なエピソードも残す。それなりのバランス感覚を持つ女性政治家だったことがうかがえる。

推古朝は冠位十二階の制定、十七条の憲法の発布、遣隋使の派遣、国使・裴世清《はいせいせい》の受け入れなど国内政治体制の整備や国際化が大いに進められた。一方で、飛鳥寺、斑鳩寺などかつてなかった華麗な仏教寺院の建立が進んだ。

推古は、そんな我が国最初の維新の時代を引っ張った女帝だった。


竹田皇子は、推古女帝（炊屋姫）と敏達天皇の間に生まれた皇子だった。

竹田皇子に関する記事が日本書紀に最初に登場するのは、蘇我氏と物部氏の対立がいよいよ激しくなった用明天皇二年（五八七）のこと。物部守屋が河内の阿都（現在の八尾市付近）に退いて軍勢を固める一方で、数少ない守屋の味方だった中臣勝海連《なかとみのかつみ》が押坂彦人大兄皇子《おしさかのひこひとおおえ》（敏達《びだつ》天皇の第一子）と竹田皇子の像を作って二人の死を祈るまじないをした、と伝える。

ことのなりがたいことを知った中臣勝海は、まもなく彦人皇子の居た「水派宮《みまた》」（橿原市・田原本町・広陵町の境界付近か）に行き帰順したが、帰り際、迹見赤檮《とみのあかじ》に斬られた、という。

同年七月の物部守屋《もののべのもりや》討伐戦で、守屋の「渋《しぶ》川《かわ》の家」（東大阪市あたり）を攻めた時の参戦者の中にも、その名がみえる。

泊瀬部《はつせべ》皇子（後の崇峻《すしゅん》天皇）、竹田皇子、厩戸《うまやど》皇子（後の聖徳太子）、難波皇子（敏達皇子）、春日皇子（同）の五人の皇子たちが守屋討伐戦に加わった。竹田皇子は泊瀬部皇子に次いで二番目に名前が挙げられており、欽明天皇の孫世代では年長者だったとみられる。この時、厩戸皇子は束髪於額《ひさごばな》をする少年（十四歳くらい）だったと伝えるが、竹田皇子は厩戸よりかなり年長とみていい。とうに二十歳は過ぎていたんだろうか。

ところがこれ以降、日本書紀から竹田皇子の名前はぷっつり途絶える。再びその名が登場するのは推古天皇の遺勅の中。

推古天皇は、その三十六年（六二八）二月に病にかかり、翌三月七日亡くなった。七十五歳だった。天皇群臣たちに、

「ここ数年、五穀が実らず、百姓らは大変飢えている。自分のために陵を造って厚く葬ることはしないように。竹田皇子の陵に葬ればいい」

と遺勅していた。

それで、竹田皇子の陵に葬った。

〈巻二十二・推古天皇〉

平成十二年（二〇〇〇）夏、橿原市五条野町の植山古墳が同市教育委員会によって発掘調査された。

植山古墳は、推古女帝の母、堅塩媛を追葬し蘇我氏の権勢を天下に示した欽明天皇陵（桧隈大陵）との見方が強まっている五条野・見瀬丸山古墳と谷をへだてて向かい合う丘陵上にある。東西約四〇メートル（東西両側の堀を含めると約五五メートル）、南北二七メートルの長方形墳。南側に開口する大きな横穴式石室が二つ発見された。

石室は二つとも花崗岩《かこうがん》の大きな自然石を

植山古墳の東石室。竹田皇子を葬ったか㊨
西石室。推古天皇を葬ったか㊧（橿原市五条野町）

積み上げて造っていた。遺体を安置する玄室《げんしつ》とその玄室に通じる羨道《せんどう》が残っていた。

東側の石室には、凝灰岩《ぎょうかいがん》で造られたくりぬき式の家形石棺が、身《み》、蓋《ふた》とも完形で残っていた。西側石室の石棺は失われていたが、凝灰岩で造られた仕切り石（閾《しきみ》石）が残っていた。玄室と羨道を仕切るドア形式の扉《とびら》があったらしい。

東側の石棺の石材は「馬門《まかど》石」、あるいは「阿蘇《あそ》ピンク石」と呼ばれる、熊本県の宇土半島で産出する阿蘇溶結凝灰岩だった。西側の仕切りの凝灰岩は兵庫県揖保《いぼ》川流域産の「竜山石《たつやまいし》」だった。いずれも、海を

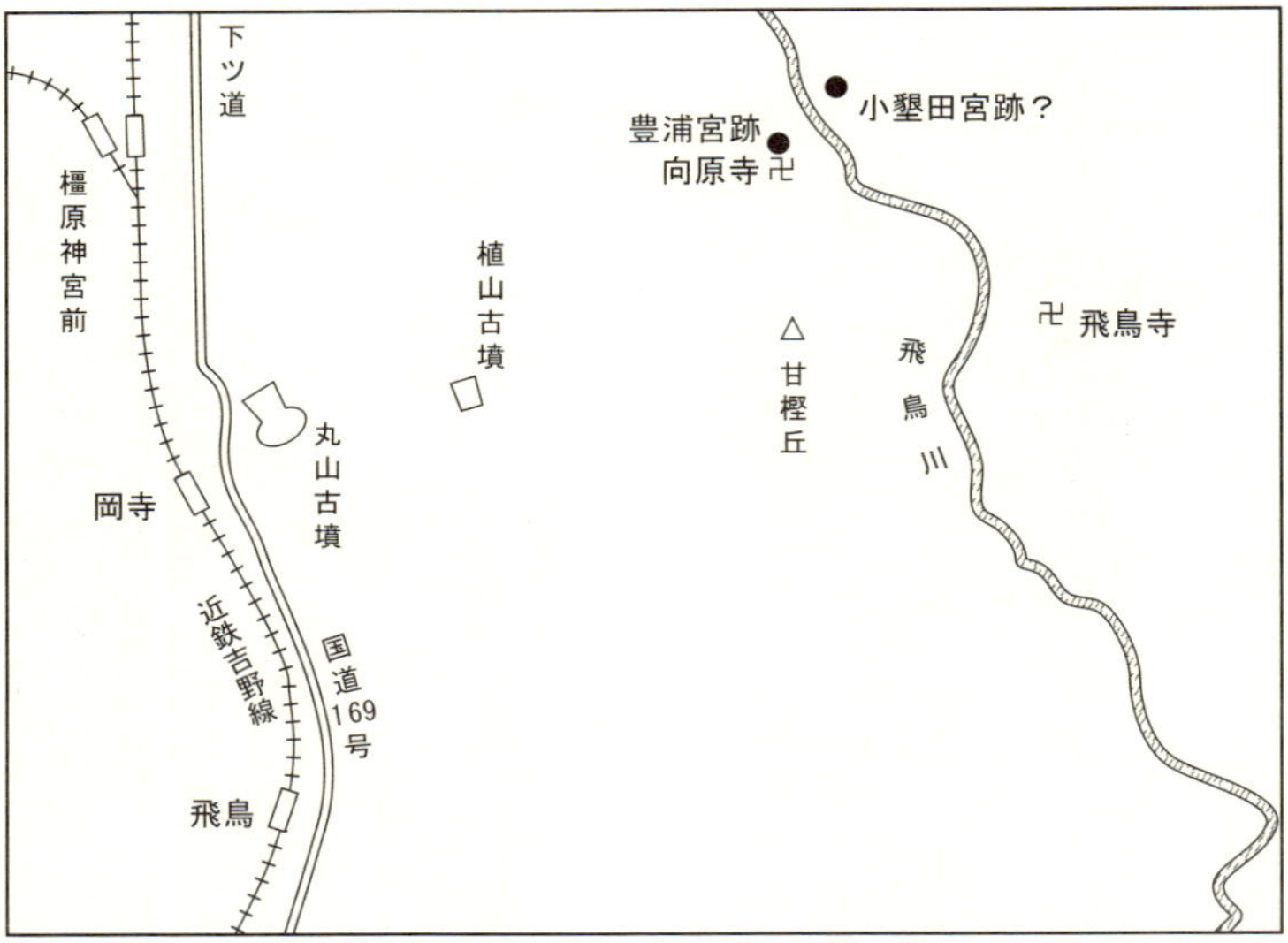

わたってはるばる運ばれてきたものだった。

石室の大きさは、どちらも、羨道を含め長さ約一三メートルを測った。全長一九メートルを超える石舞台には及ばないが、六世紀半から七世紀初めにかけてたくさん造られた横穴式石室の中では屈指の大きさだ。

竹田皇子の死が、五八七年の物部氏滅亡から間もない頃だったとすると、六世紀末と推定される植山古墳の東石室の築造時期は、ぴったり合う。推古天皇がなくなったのは六二八年。西側の石室の築造推定時期と合致する。つまり、遺勅と合致する推古天皇・竹田皇子合葬墓だった。

竹田皇子は、その人となりもほとんど分かっていない。しかし、推古にとっては誰よりも愛しい息子だったことは間違いない。欽明天皇の「孫世代」の皇位継承候補者はひしめいていた。それでも、敏達と広姫皇后の子として生まれた押坂彦人大兄皇子とともに最右翼にあっただろう。蘇我氏にとっては非蘇我系の押坂彦人の即位を阻止して世間を納得させる天皇を擁立するとすれば竹田皇子以外になかったはずだ。

竹田皇子の死は推古女帝と蘇我政権にとっては、この上ない痛恨事だったに違いない。しかし、『日本書紀』には竹田皇子の死にまつわる記事は、一行も出ていない。どうしてだろうか、深い謎である。

推古女帝は、まもなく「大野の岡の陵」から「科長の大きな陵」に改葬された。「大野の岡の陵」は植山古墳のことだろう。同古墳の発掘は、飛鳥の謎の地名の一つであった「大野岡（丘）」の場所を特定することにもつながった。「科長の大きい陵」は、大阪府太子

推古天皇科長山田陵（大阪府太子町）

町にある山田高塚古墳に当たるとされる。同古墳は東西約六三メートル、南北約五五メートルを測る立派な墓だ。在位三六年に及んだ女帝にふさわしい陵《みささぎ》といえる。しかし、最愛の我が子の側から引き離されて改葬されたのである。

　推古女帝は、亡くなった後も、母子の情などの「私情」を捨て、「国家の安寧」などの公事を優先させなければならない運命《さだめ》にあった、ということか。

皇位へのチャンスを2度逃し―

山背大兄《やましろのおおえ》皇子

推古《すいこ》女帝は、その三十六年（六二八）三月七日、七五歳で生涯を閉じた。女帝は亡くなる日の前日、田村《たむら》皇子と山背大兄《やましろのおおえ》皇子を呼んだ。

田村皇子には、「皇位については安易に口にすべきではありません。私はいつもお前を重くみている。行動を慎み、よくものごとを見通すように心掛けなさい。軽々しい言動はいけません」。

山背大兄皇子には、「お前はまだ未熟です。心でこうしたいと思っても、あれこれ言ってはなりません。必ず人々の意見を聞き、それに従いなさい」と諭した。

後継者のことがよほど心配だったのだろう。ただ、女帝の遺詔はどちらの皇子を推挙したのかはっきりしないところがあり、半年後に女帝の葬儀が終わっても皇嗣が定まらなかった。

大臣の蘇我蝦夷《そがのえみし》が群臣を集めて相談したが、意見は二つに割れた。このことを耳にはさんだ山背大兄皇子は、蝦夷に使いを送り抗議した。

山背大兄皇子は、「私に対する遺詔の中身が違う」と必死だった。「天皇は、『私はひと一倍お前をいつくしんでいます。皇位は大切、ふだんからよく努めることです。お前は未熟だが、発言に十分気をつけなさい』と言われた。躍り上がるほど嬉しかった。お側《そば》にいたものは皆知っている」と、その時の心境を交え、遺詔の解釈の訂正を求めた。

「叔父上（蘇我蝦夷）からはかつて、『天皇はいつかきっとお前が皇位に就くだろうと言っている』と聞いたこともある。私は決して皇位に執着しているのではない。ただ、自分の知っていること、正しいことをはっきりさせたいだけだ」とも付け加えた。

蝦夷は、内心では早くから田村皇子に決めていたらしい。山背大兄皇子を強く推していた一族の境部摩理勢臣《さかいべのまりせのおみ》と対立を深め、攻め殺すような権力闘争もあり、推古の死から九カ月後、田村皇子が即位して舒明《じょめい》天皇となった。

山背大兄皇子は聖徳太子の子、蘇我氏の血を引く。これに対して田村皇子は敏達天皇の孫。父は押坂彦人大兄《おしさかひこひとおおえ》皇子。押坂彦人は、息長氏出身の広姫を母とし、皇位継承最有力候補の一人でありながら、蘇我氏の抵抗があったためか皇位は実現しなかった。ところがなぜか、蝦夷は蘇我氏の血をひかない田村皇子を推したのである。

舒明天皇は、百済川の側《ほとり》を宮処とし、西の民は宮を造り、東の民は寺を造った、と伝える。九重塔も建てた、という。

いわゆる百済宮と百済大寺。どこにあったのだろうか。古くから論争が繰り広げられてきた。北葛城郡広陵町百済の百済寺付近、橿原市の香久山北西麓などいくつかの候補地があり、いまでは、平成九年（一九九七）に桜井市吉備で発見された吉備池廃寺が最有力視されている。ただ、発掘調査により決定的な証拠が見出されたわけではなく、いまなお、古代史の大きな謎として残っている。（私は、舒明朝の百済宮・百済大寺は広陵町百済と向かい合う曽我川右岸の橿原市飯高町・小槻町付近だった、吉備池廃寺は皇極天皇が夫の遺志を引き継いで造営した官営大寺―との考えをとっている＝『斉明女帝と狂心渠《たぶれごころ》』〈青垣出版２０１２年刊〉をご覧いただきたい）

舒明天皇は十三年（六四一）十月、百済宮で亡くなった。百済川の側《ほとり》の百済宮で過ごしたのは二年足らずだった。

嫡子・中大兄皇子はまだ十六歳。そこで、山背大兄皇子がまた皇嗣に浮上した。しかし蝦夷はまたしても首をタテに振らなかった。舒明と馬子の娘、法提郎娘《ほてのいらつめ》の間に生まれた古《ふる》人大兄《ひとのおおえ》皇子を推したという。結局、翌年、舒明の皇后だった宝《たから》皇女が二人目の女帝として即位、皇極《こうぎょく》天皇となった。

山背大兄皇子は、二度にわたって皇位へのチャンスを逃した。やがて蝦夷が病気となり、その子入鹿《いるか》が独裁的な権力を握るが、入鹿も父親以上にまた山背大兄王とウマが合わなかったらしい。

皇極二年（六四三）十一月、蘇我入鹿は、巨勢徳太古臣《こせのとこだのおみ》と土師娑婆連《はじのさばのむらじ》に命じて斑鳩の山背大兄王を襲わせた。大兄王は妃や子弟

法隆寺東院の夢殿。聖徳太子と山背大兄皇子の斑鳩宮の跡に建つ（斑鳩町）

とともに逃げ出し、胆駒《いこま》（生駒）山に隠れた。

軍勢は斑鳩宮を焼いた。

　大兄王に従っていた三輪文屋君《みわのふみやのきみ》は、

「東国で軍勢を整えて戦いましょう。勝利はまちがいありません」

と勧めた。ところが大兄王は
「勝つことは間違いないだろう。しかし、自分一身のために万民に苦労をかけられない。身を捨てて国を固めるのも丈夫《ますらお》ではないか」

と承知しなかった。身の危険を十分知りながら、斑鳩寺に戻った。

　大兄王の生存を知った入鹿は、今度は斑鳩寺を包囲した。大兄王は
「わが身一つを入鹿に賜う」

と妃妾、子弟らとともに自害して果てた。

折から、五色の幡《はた》や蓋《きぬがさ》が光り輝いて寺の上に垂れ懸かった。入鹿が見ているとたちまち黒い雲に変わった。

〈巻第二十四・皇極天皇〉

ここに聖徳太子の血脈は絶えた。上宮王家の滅亡――。蘇我氏の横暴が頂点を極めた出来事とされる。殉教ともいえる一族の悲劇は長く語り継がれ、聖徳太子信仰の土台ともなった。

入鹿に焼かれた斑鳩宮は、法隆寺・東院の下に眠っていた。昭和九年、絵殿、舎利殿、伝法堂の解体修理に伴う地下調査で、北で西に一一度四〇分振る掘っ建て柱建物跡八棟が発見された。斑鳩宮の南端部にあたる遺構と

法隆寺境内と若草伽藍、斑鳩宮跡

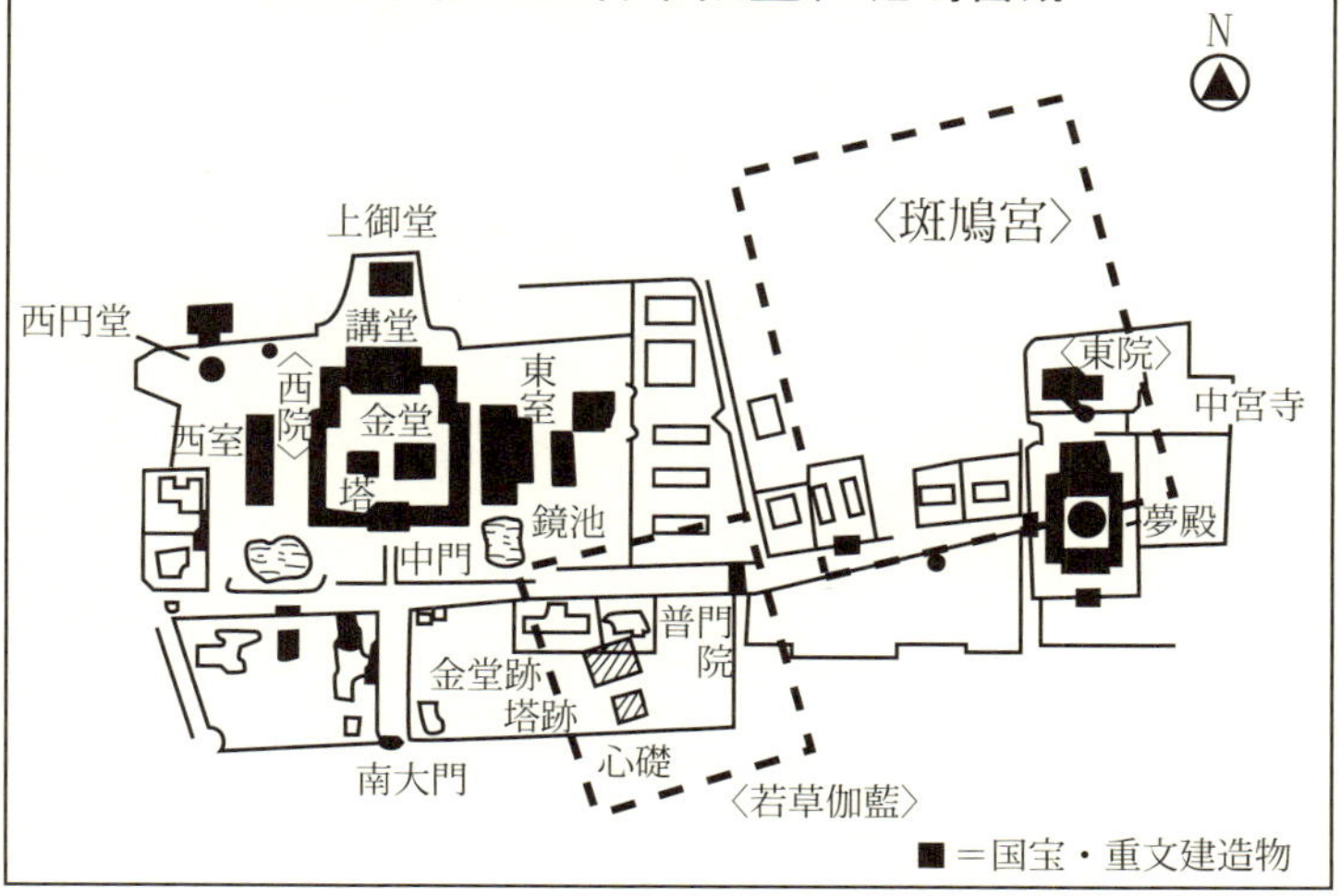

みられるが、焼土や灰も見つかった。

奈良時代に建立された八角円堂の夢殿は、秘仏として伝えられた救世《くせ》観音像とともに法隆寺のシンボル。そして太子信仰のシンボルでもあるが、記録通り、太子や山背大兄皇子が住んだ斑鳩宮の跡に建てられていたのである。

御坊山３号墳の陶棺の中から出土した三彩有蓋円面硯㊧とガラス製筆軸㊨
（橿原考古学研究所附属博物館提供）

御坊山３号墳の横穴式石槨（橿原考古学研究所附属博物館の庭に移転展示されている）

法隆寺の西約四〇メートルの丘陵上に竜田御坊山古墳群がある。昭和三十九年に発見された。宅地造成で削り取られて今は跡形もないが、三基あった小さな古墳はいずれも七世紀の終末期古墳だった。三号墳には、花崗岩の横口式石槨《かく》に黒漆を塗った陶棺が納められていた。琥珀《こはく》の枕をしたほぼ完全な人骨が残り、三彩の硯《すずり》と筆軸らしいガラス製品が副葬されていた。

上宮王家の人々を葬った、との見方が強い。調査を担当した橿原考古学研究所の泉森皎氏は、「人骨は鑑定で十八、九歳と分かった。年齢からみると山背大兄皇子ではないようだが、子供の一人とみていいのではなか」との見解をとった。人骨の身長は一六〇センチほどあった。それなのに陶棺の長さは一五六センチ。足を折り曲げ、窮屈そうに押し込められていた。

古人大兄《ふるひとおおえ》皇子

皇位をあきらめて、吉野に隠棲したが…

皇極《こうぎょく》四年（六四五）六月十二日。その日は三韓（高句麗、百済、新羅）から調《みつぎ》が献上される日だった。

　大極殿《だいごく》に、皇極女帝がお出ましになり、かたわらに古人大兄《ふるひとのおおえ》皇子が侍した。。蘇我《そがの》入鹿《いるか》も席に着いた。

蘇我倉山田石川麻呂《そがのくらやまだいしかわまろ》が、三韓の上表文を読み上げ始めた。中大兄皇子は、十二宮城門をいっせいに閉鎖させ、長いやりを持って大極殿のわきに隠れた。中臣鎌足《なかとみのかまたり》らも弓矢をもって中大兄を護衛した。

　佐伯《さえきの》連《むらじ》子麻呂《こまろ》と葛城《かつらぎの》稚犬養《わかいぬがいの》連《むらじ》網田《あみた》に剣を授け、一気に斬りつけるように命じた。

　上表文を読み上げる石川麻呂は汗びっしょり。声は震え、手はわなないていた。子麻呂らは、恐れてなかなか斬りかかろうとしない。しびれを切らした中大兄が、

「ヤア」

と叫んで躍り出た。入鹿の頭と肩に斬りつけた。子麻呂も続き、足を斬った。もんどりうって倒れた入鹿は

「私が、何の罪を犯したというのでしょうか」

と女帝にしがみついた。

中大兄は
「鞍作《くらつくり》（入鹿のこと）は皇位を絶とうとしています。皇統を滅ぼしてはなりません」

女帝は何も言わずに席を立った。子麻呂と網田が入鹿を斬り殺した。

翌十三日、蝦夷《えみし》が自刃した。


〈巻第二十四・皇極天皇〉


ここに、大王権の外戚として権力をほしいままにしてきた蘇我本宗家が滅亡した。

書紀は、「改新前夜」の蘇我氏の専横ぶりをことさら強調する。蘇我入鹿が斑鳩の山背《やましろの》大兄《おおえ》皇子を襲撃させた直前のこととして次のような記事を載せる。

蘇我蝦夷は葛城の高宮に祖先の廟を建て、「八佾《やつち》の舞」を舞わせた。中国では「天子の特権」とされてきた。また、多数の民衆を動員して、今来に「双墓《ならびのはか》」を造った。一つを「大《おお》陵《みささぎ》」（蝦夷の墓）、もう一つを「小陵《こみささぎ》」（入鹿の墓）と呼ばせた。陵《みささぎ》と呼ぶのは天皇と皇后の墓に限られていたはずなのに…

いわゆる「蘇我氏の専横」に対し、「蘇我氏は国政をほしいままにし、無礼な振る舞いが多い。天に二つの太陽がないように、国に二人の君主はいないはず」との声が上がった、とも書く。

蘇我氏の「大陵」「小陵」については、最近になって明日香村小原の養護学校敷地内から発見された一辺七〇メートル《メー トル》の大方墳である小山田古墳と西約二〇〇メートル《メー トル》にある菖蒲池《しょうぶいけ》古墳（橿原市菖蒲町四丁目）とする見方が急浮上している。現場は甘樫丘の南麓で、飛鳥のど真ん中。「蘇我氏の権勢」あるいは「蘇我氏の横暴」を世間に見せびらかすような場所に位置する。

一辺７０メートルの大方墳と判明した小山田古墳。甘樫丘南麓に位置し、菖蒲池古墳とともに蘇我氏の双墓の可能性がいわれる（明日香村小原、橿原考古学研究所提供）

甘樫丘には父子の邸宅があり、蝦夷の家を上《うえ》の宮門《みかど》、入鹿の家を谷《はざま》の宮門《みかど》と呼んだ。また、子どもたちをを王子と呼んでいた―ともいう。

「入鹿の首塚」。後方は、蘇我蝦夷・入鹿の邸宅があったと伝える甘樫丘（明日香村）

中臣鎌足は、こうした蘇我氏の〝王権無視〟に対する人々の反感をバックに、ひそかに入鹿打倒を決意した。「英明の王」とにらんだ若きプリンス、中大兄皇子に近づいた。たまたま飛鳥寺の西側の槻《つき》の木の下であったけまりの会で、脱げ落ちた中大兄のくつを拾ってうやうやしく奉って以来、二人は意気投合するようになった、と伝える。ともに南淵請安のもとで儒教を学び、往復の路上で計略を練った。

古人大兄皇子は、舒明天皇と蘇我馬子の娘、法提郎女《ほほてのいらつめ》の間に生まれた。中大兄皇子や大海人皇子の異母兄にあたる。当然、皇位継承有力候補者の一人だった。ただ、蘇我氏の血を色濃く引く皇子だった。

入鹿が斑鳩宮の山背大兄皇子を襲い、自害に追い込んだ理由の一つは、入鹿が古人大兄の即位を実現しようとしたためともいわれる。

古人大兄皇子の人となりはよくわからないが、書紀の次のようなエピソードからそれなりの人物だったことがうかがえる。

入鹿が山背大兄皇子を襲った時、自ら斑鳩宮に攻め込もうとする入鹿を制し、「鼠《ねずみ》は穴に住み、穴を失えば死ぬというぞ（本拠を離れたら危険だ）」と意見し、忠告した。乙巳《いっし》の変（六四五年）の時は大極殿で皇極天皇を護衛していた。

乙巳の変の後、皇極天皇は退位した。皇極は中大兄皇子に譲位しようとしたが、中大兄は中臣鎌足と相談して固辞した。

鎌足は、

「殿下（中大兄のこと）には古人大兄という兄上がおられる。殿下が皇位につけば、人の弟としてつつしみへり下るという心にふさわしくないことになりましょう。軽皇子（皇極の同母弟）をお立てになるのが良いでしょう」

と意見した。

そこで皇極天皇は軽皇子を指名した。しかし、軽皇子は
「さきの天皇（舒明天皇）の御子で、年長でもあられる大兄命（古人大兄のこと）が皇位におつきになるべきです」

と何度も固辞した。

やりとりを見ていた古人大兄は、あとずさりし、両手を胸もとに合わせ、

「天皇の仰せのままにお従い下さい。私は出家して吉野に入り、仏道の道の修行につ

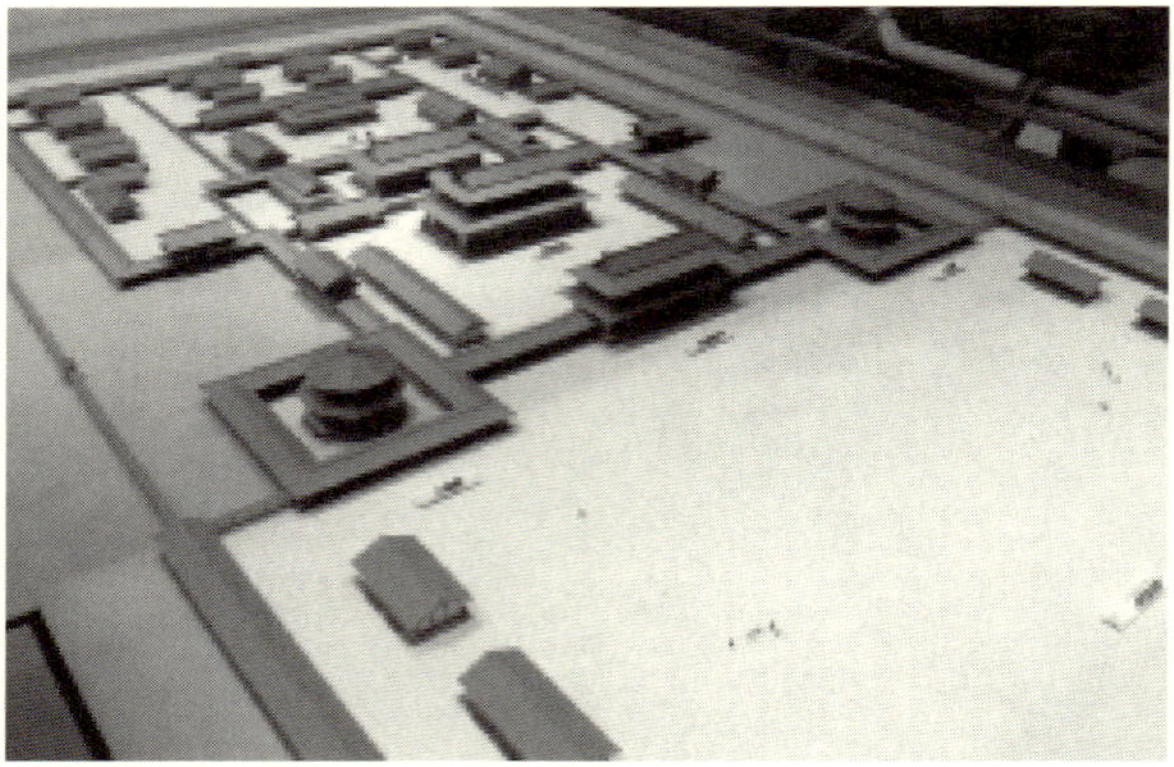

前期難波宮復元模型。孝徳天皇の長柄豊碕宮と考えられる（大阪府歴史博物館）

とめます」

と言い、身につけていた刀を地に投げ捨て、みずからひげや髪をそり落とし、袈裟《けさ》を着けて吉野の寺に引きこもった。

　軽皇子は即位を承諾し、孝徳天皇となった。難波の宮（長柄豊碕宮）を舞台に、公地公民などの改新政治を推し進めた。いわゆる「大化改新」。天皇中心の古代中央集権国家づくりを推し進める大改革だった。

〈巻第二十五・孝徳天皇〉


　孝徳即位から三カ月後、吉野寺に隠棲していたはずの古人大兄皇子の謀反が発覚した。古人大兄に従っていた吉備笠臣垂《きびのかさのおみしだる》が中大兄皇子のもとに走り、自首した。中大兄はただちに討伐兵四十人を送り、古人大兄と子たちを斬った。妃妾《みめ》達は自ら首をくくって死んだ——と伝える。

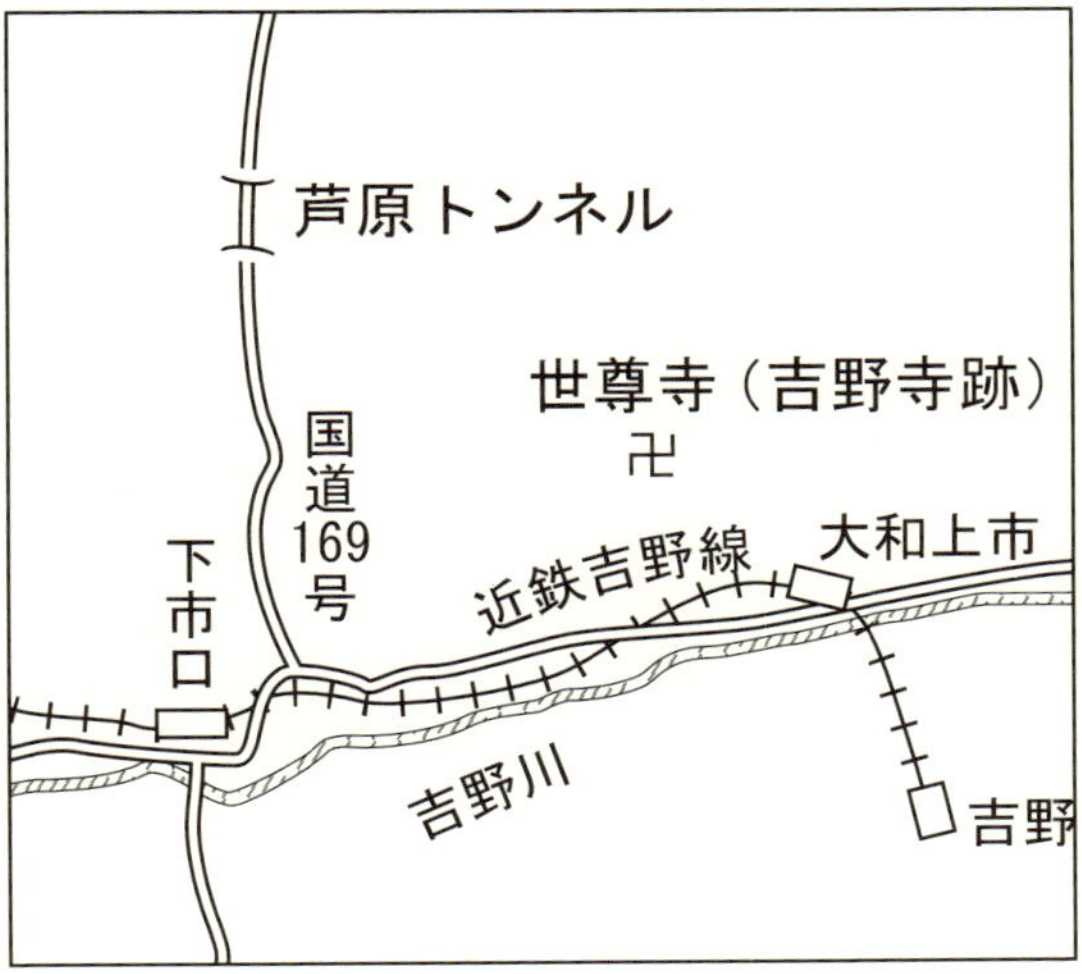

　古人大兄皇子が引きこもった吉野はどこだったのか、はっきりとは分からない。しか

し、大淀町比曽にあった吉野寺（比曽寺）だったとの見方が有力。いまは世尊寺という曹洞

吉野寺（比曾寺）。いまは曹洞宗・世尊寺
（吉野郡大淀町上比曽）

宗の寺となっているが、境内には比蘇寺のものだったとみられる建物基壇や礎石が現存する。塔跡なども確認でき、飛鳥時代に薬師寺式、あるいは法起寺式の伽藍《がらん》が存在したこ

世尊時境内にある吉野寺（比曽寺）のものとみられる基壇と礎石群

とが推測されている。

吉野寺の仏像にまつわるエピソードが、書紀の欽明天皇十四年条に載る。

茅渟海《ちぬのうみ》（大阪湾）で梵音《のりのおと》（仏の音楽）が聞こえて光り照り輝く樟木《くすのき》が見つかり、天皇に献上した。天皇は仏像二躯を造らせたが、今、吉野寺にある光を放つ樟の像がこれである――。

光り輝く樟《くすのき》の像は、古人大兄皇子の死や中大兄皇子の仕打ちをどのように見ていたのだろうか。

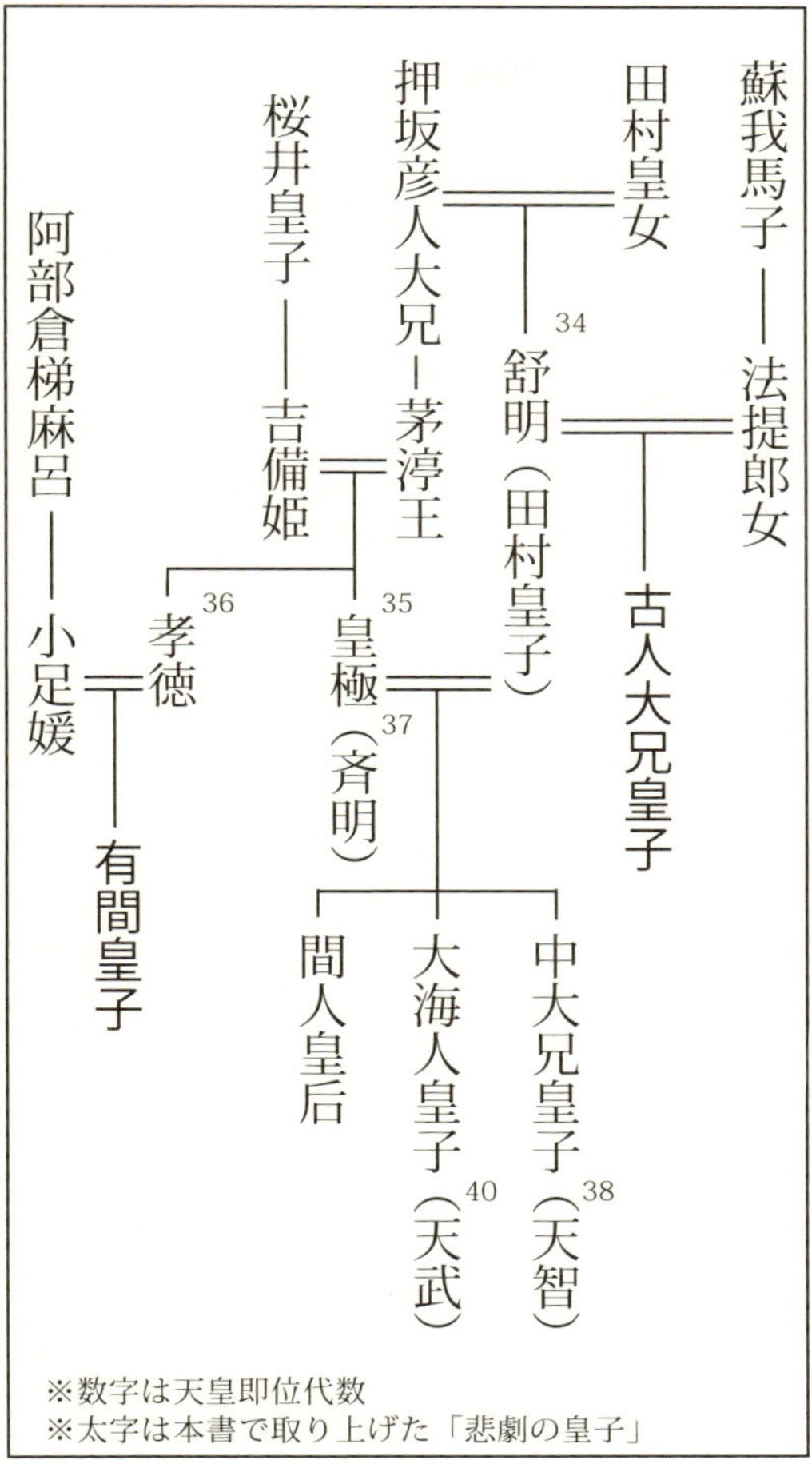

「狂心《たぶれごころ》」に巻き込まれ……

有間《ありま》皇子

磐代《いわしろ》の浜松が枝を引き結び
　ま幸《さき》くあらばまたかへり見む
家にあれば笥《け》に盛る飯《いひ》を草枕《くさまくら》
　旅にしあれば椎《しい》の葉に盛る

教科書にも載っている有名な万葉歌である。謀反の容疑で紀温湯《きのゆ》（和歌山県・白浜温泉付近）へ護送される有間《ありま》皇子が紀温湯の手前で詠んだと伝える。紀温湯には斉明《さいめい》天皇、中《なかの》大兄《おおえ》皇子らが湯治に出かけていた。

草木の枝を結ぶのは旅の安全を祈る習慣、ひそかに許されることを期待していたのかも

しれない。しかし、それは許されなかった。藤白坂（和歌山県海南市）で絞首刑に処された。皇子は十九歳だった。

　処刑されたのは斉明天皇四年（六五八）十一月十一日。その日からちょうど八日前の十一月三日の出来事だった。

　蘇我赤兄《そがのあかえ》が有間《ありま》皇子を訪ねた。

「天皇の政治には三つの過失があります。大きな倉庫《くら》を建て人民の財物を集積すること、延々と水路を掘って公の食料を浪費すること、そして、船で石を運び丘のように積み上げることです」。

藤白坂（和歌山県海南市）

　有間皇子は赤兄が自分に好意を持っていると思い込んだ。胸襟を開き、

「私もいよいよ武器を取る年齢になった」

と答えた。

　二日後の五日、有間皇子は赤兄の家に行き、謀議した。脇息がひとりでに折れた。

不吉な前兆——と、有間はすぐ謀議を中止して、市経《いちふ》（生駒市壱分付近？）の家へ引き返した。
　その夜更け、赤兄は有間の家を囲み、紀温湯の天皇のもとに急使を出し、謀反を報告した。

有間皇子を祀る神社㊤と同社に掲げられた有間皇子像㊦
（和歌山県海南市の藤白神社境内）

　有間は逮捕された。紀温湯に護送された。

　中大兄がじきじきに取り調べた。

「どういうわけで謀反したのか」

「天と赤兄が知っていよう。私は何も知らぬ」

　有間は藤白坂《ふじしろのさか》（和歌山県海南市）で絞首刑に処された。一味の舎人ら二人が斬殺され、二人が東国に流された。

〈巻第二十六・斉明天皇〉


　有間皇子は孝徳天皇の一粒種。皇位継承候補者の一人だった。ただ、謀反を本当に実行するほどの〝実力〟とバックを備えていたとは到底思えない。中大兄皇子の陰謀だったかどうかはさておき、赤兄の口車についつい乗ってしまったのだろう。

有間は十八歳の時、「陽狂す《うおりくるい》」（書紀・斉明天皇三年）とある。狂人を装ったのである。中大兄への警戒からだったとの解釈が多い。

中大兄が皇祖母（後の斉明天皇）、間人皇后（中大兄の同母妹）、皇弟（大海人皇子）、公卿、百官を引き連れて飛鳥に戻り、父孝徳天皇を難波宮に置き去りにしたのは五年前の白雉四年（六五三）のことだった。孝徳天皇は失意のうちに病気になり、翌年、一人寂しく亡くなっている。有間にとっては記憶に生々しく、中大兄の「怖さ」も身にしみていたはずだ。

この事件もまた、中大兄がライバルを消すために赤兄を使って仕組んだ、との解釈がある。赤兄は、事件後トントン拍子に出世、近江朝廷の左大臣として重きをなした。

ただ、「三失政」を挙げつらった赤兄のことばは「謀反の道理」として説得力を持っていた。

孝徳《こうとく》天皇が亡くなった翌年（六五五年）、宝《たから》皇女（元皇極天皇）が飛鳥板蓋《いたぶき》宮で再祚《さいそ》、斉明《さいめい》天皇となった。生前の退位は初めてだったが、再祚も前例がなかった。六十二歳になっていたといわれる。

田身嶺《たむのみね》の頂に垣を巡らせ、嶺の上の二本の槻《つき》の木のそばに観《たかどの》を建てた。両槻宮《ふたつきのみや》と名付けた。天宮《あまつのみや》ともいった。

天皇は造営工事を好まれ、香山《かぐやま》の西から石上山まで水路を掘らせた。舟二百隻に石上山の石を積み、流れに沿って引き、宮の東の山に積み重ねて垣とした。

人々は「狂心渠《たぶれごころのみぞ》」と非難した。

「水路工事に費やされる人夫は三万余、垣を造る工事には七万余だ。宮殿の用材は朽ち果て、山の頂も埋もれる」

また、

「石の山丘は作るはしから自《おの》ずから崩れるだろう」

とそしる者もいた。

吉野宮も造った。

〈巻第二十六・斉明天皇〉


土木工事が相次いで行われたらしい。そして、それに対する民の不満や非難も少なくなかったようだ。

平成四年（一九九二）、飛鳥の謎の石造物の一つである「酒船石《さかふねいし》」がある明日香村の岡の丘陵から砂岩の切石を積み上げた石垣の列が見つかった。丘陵そのものが各地で地山を削り出したり、版築《はんちく》工法（土を固く突き固める古代工法）を用いて造成していたことが判明、「酒船石遺跡」と」命名された。

その後、十年以上にわたる調査で、石垣は、西側斜面では四段に築成され、中腹では丘をぐるりと取り巻くように造成されていたことが分かった。

現場は、飛鳥京跡（伝承・飛鳥板蓋宮跡）の東側。「累石為垣（石を累ねて垣となす）」とした「宮東山」の光景をほうふつさせるものだった。「冠状周垣（冠らしむるに周れる垣を以てす）」と記す「田身嶺《たむのみね》の両槻宮《ふたつきのみや》」の光景も想起させるものだった。

両槻宮であるのかどうかは研究者の間で見解が分かれるところだが、平成十二年（二〇〇〇）、丘陵北端のすそ部から花崗岩製の亀形石造物と小判形石造物が発見された。

酒船石北方遺跡。斉明女帝時代の「王権の施設」とみられる。導水施設に天理砂岩の切石が大量に用いられていた
（明日香村教育委員会提供、明日香村岡）

新亀石――。飛鳥に新たな謎の石造物の登場。発見時、研究者らも珍奇な石造物と導水施設の出現に衝撃を受け、戸惑い、興奮した。酒船石北方遺跡と呼ばれる。

酒船石遺跡と酒船石北方遺跡の用途、性格、互いの関係などについてはさまざまな見解があり、確定しない。ただ、両遺跡とも斉明朝に斉明女帝の意思で造られたものであることは間違いないものとされる。また、斉明

南から北へまっすぐに流れる寺川。下ツ道運河の名残か。「狂心渠」の一部だったかもしれない（橿原市内）

石上山と酒船石遺跡とは、直線距離にして一五キロ程離れている。しかし、その豊田山で採取される「石上山の石」が飛鳥まではるばると運ばれて、石垣や敷石に用いられていた。『日本書紀』の記述通りだったのである。

　それは、人々が「狂心渠」とそしったという運河が、天理から飛鳥まで通じていたことを示唆する。その運河は、蘇我赤兄が謀反の道理として説いた延々と掘った水路だったのだろう。

　ただ私は、斉明女帝が工事好きや狂心で掘ったものではなく、大和平野の都づくりの基本となった大和川の河川改修の結果だった、とみる。（詳しくは拙著『奈良の古代

文化②斉明女帝と狂心渠《たぶれごころのみぞ》』〈２０１２年、青垣出版刊〉をご覧いただきたい）

斉明朝を「狂乱の時代」とみるか、「建設の時代」とみるかは少し置こう。ただ、有間皇子は大きな時代のうねりに巻き込まれ、若き命を落とした。

湖国の露と消えた 大友《おおとも》皇子

大友《おおとも》皇子は、天智《てんじ》天皇と伊賀采女宅子娘《いがのうねめやかこいらつめ》の間に生まれた。天智天皇の皇后は古人大兄《ふるひとのおおえ》皇子の女の倭姫王《やまとひめのおおきみ》、ほかに蘇我倉山田石川麻《そがやまのくらやまだいしかわま》呂《ろ》の女、遠智娘《おちのいらつめ》ら四人の嬪《みめ》があり、また、地方豪族出身の女官の身分で皇子・皇女を産んだ者が四人いた、と書紀は記す。伊賀の采女と大友皇子のことは最後に出てくる。

天智天皇の皇女たちは、天武天皇の皇后となり、後に即位して持統天皇となる鸕野《うの》皇女、その姉で天武妃となって大津皇女を産む大田皇女、のちに元明天皇となる阿倍《あへ》皇女な

天智天皇の子女たち

天智[38]
- 大田皇女（天武妃）
- 鸕野讃良皇女（天武后、持統[41]）
- 御名部皇女（高市妃）
- 阿閇皇女（草壁妃、元明[43]）
- 新田部皇女（天武妃）
- 山辺皇女（大津妃）
- 大江皇女（天武妃）
- 川島皇子
- 施基（志貴）皇子 ―― 光仁[49] ―― 桓武[50]
- 大友皇子（弘文[39]）

どそうそうたる顔ぶれだ。が、男子に恵まれなかったのか、皇子は、大友皇子以外では言葉が不自由なまま幼い時に死去した建皇子《たけるのみこ》、大津皇子と仲が良かったという川嶋皇子、のちに光仁《こうにん》天皇の父となる施基《しき》皇子しかみえない。

大友皇子作の漢詩二首が、最古の漢詩集『懐風藻《かいふうそう》』の冒頭を飾る。

皇明　日月と光《て》り
帝徳　天地に戴《み》つ
三才　ならびに泰昌《たいしょう》
万国　臣義と表す

天子の威光は日月のように光り輝き
天子の聖徳は天地に満ちている
天・地・人とも太平で栄え
四方の国々は臣下の礼を尽くしている

宴席で、父、天智天皇の隆昌を歌い上げたらしい。我が国に伝わる最古の漢詩、堂々として、喜びが漲《みなぎ》る、と評価は高い。

漢詩の前に載せる「伝」では、「皇太子は淡海帝の長子なり」と紹介し、「魁岸奇偉《かいがんきい》、風範弘深《ふうはんこうしん》、眼中精耀《がんちゅうせいよう》、顧盼煒燁《こべんいか》」と、その人物を称讃する。「たくましく立派な体格で、風格、器量とも広く大きく、眼は輝き、振り返る目元は美しかった」とベタ褒めである。

唐の使者、劉徳高《りゅうとくこう》は一目見て、「この皇子、風骨世間の人に似ず、まことにこの国の分にあらず」と評した、とも書く。

天智十年（六七一）正月、大友皇子は太政大臣に任命された。近江朝廷の太政大臣は「百揆《ひゃっき》を総《す》べ、万機《ばんき》をしらしめす」（『懐風藻』）

大津京があった滋賀県大津市

職制。つまり天皇に代わって政治のすべての権限を掌握する立場にあった、といわれる。

　年齢は二十五歳。（『懐風藻』では二十歳、二十三歳で皇太子になったとする）。「博学多通、文武の材幹あり」（『懐風藻』）とも称讃される才能の持ち主でもあり、天智にとっては、素質豊かなわが子に政治の体験を積ませようとする人事だったと推測できる。あるいはわが子への皇位継承を決意した人事だったかもしれない。

　ただ、近江朝には皇太弟がいた。いうまでもまく同母弟で共に辛苦を積み重ねてきた大《おおし》海《あ》人《ま》皇子である。皇太弟は皇太子と同じ地位で次の天皇というのが朝廷内ばかりでなく、世間一般の見方だったと推測できる。

　しかし、大友皇子の太政大臣就任は、皇太

弟の大海人皇子を権力の外に追いやり、皇位継承のチャンスを奪い取る人事でもあった。

大津宮の遺構は住宅地にある（大津市錦織）

兄弟の不和は決定的になった。

天智七年（六六八）頃のこととして、琵琶湖畔であった宴席で、大海人が突然、長槍で床を刺しつらぬき、天智が激怒して殺そうとした、というようなエピソードも伝える。大友皇子の成長に伴い、天智と大海人との間の溝は深まったらしい。

天智十年（六七一）九月、天智天皇は病に倒れた。病状は悪化するばかりだった。

十月十七日、皇太弟の大海人皇子を寝室に呼び入れた。

天皇は、

「私の病は重い。後事を頼みたい」。

しかし、大海人皇子は固辞。

「私は病気がちで国家を保っていけそうに

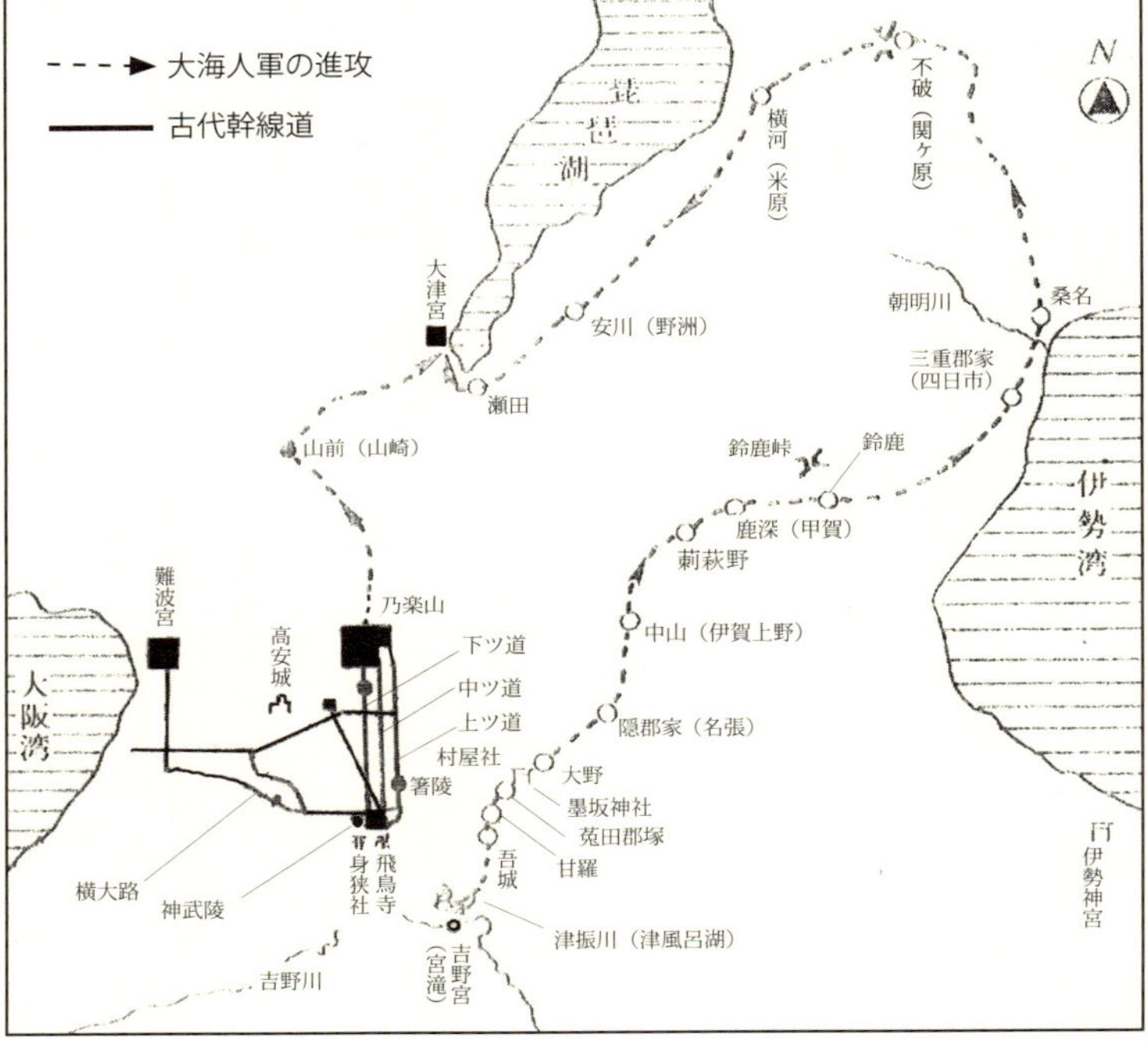

ありません。天下のことは大后《おおきさき》におまかせになり、大友《おおとも》皇子に政務全般をとり行わせなさいませ。私は出家して、仏道を修めたいと思います」

大海人はすぐ、内裏の仏殿の南に出、ひげと髪をそり落とした。翌々日、大津宮を退出、途中、嶋宮《しまのみや》（明日香村）で一泊、二十日、吉野へ入った。

人々は

「虎に翼をつけて放つようなものだ」

と言い合った。

〈巻第二十七・天智天皇〉

〈巻第二十八・天武天皇〉

不世出の英傑兄弟の決定的決裂だった。一カ月半後の十二月三日、天智天皇が死去、翌年（六七二）六月二十二日、大海人皇子は吉野で決起、壬申の乱に突入した。

戦乱は一カ月に及んだ。だが、わずか三十人ばかりで吉野を出発した大海人軍は、一週間後に不破を押さえて陣を構えた。美濃（岐阜県）、尾張（愛知県）をはじめとする東国の軍勢が多く味方、近江と大和に向けて「数万の兵」を送り出した。

村国男依《おより》らの近江襲撃軍は、息長《おきなが》の横河《よこかわ》（滋賀県米原町付近）を突破、琵琶湖東岸を南下し、決起からちょうど一カ月後の七月二十二日、瀬田《せた》（大津市）に達した。近江朝廷側は後方が見えないほどの大軍でこれを迎え、瀬田川をはさんで対峙《たいじ》し、将軍智尊などが必死に防

瀬田大橋。壬申の乱の最後の決戦場となった
（滋賀県大津市）

戦したが、やがて大海人軍の総攻撃により大敗した。

　大友皇子はかろうじて逃走したが、後方には大和での戦いを勝ち抜いた大伴吹負《おおとものふけい》など大海人軍が迫っていた。逃げるところがなく、山前《やまさき》（京都府乙訓郡付近か）に隠れたが、逃げ切れないと覚悟し自ら首をくくって死んだ。

　古代史上最大の内乱に勝利して天下を奪取した大海人皇子は飛鳥に凱旋《がいせん》、六七三年二月、飛鳥浄御原宮で即位、天武天皇となった。天皇中心の中央集権律令国家体制を確立し、『神にしませば……』と歌われた。

　湖国の都、近江京は露と消えた。あっというまに柿本人麻呂が「大宮はここと聞けども　大殿《おおとの》はここと言えども春草のしげく生ひたる……」と無常感を歌い上げるような状態に荒れ果てる。

　大友皇子は明治時代になって第三十九代・弘文《こうぶん》天皇と追号された。が、『日本書紀』には立太子や即位の記事はない。

「志賀皇宮（大津京）遺跡」の石碑
（大津市錦織）

大津《おおつ》皇子

あふれる才能ゆえに消される運命にあった

天武《てんむ》八年（六七九）五月五日、天皇は吉野宮に皇子たちを集めた。草壁《くさかべ》、大津《おおつ》、高市《たけち》、忍壁《おさかべ》（刑部）の各皇子が顔を揃え、天智《てんじ》天皇の子、川嶋《かわしま》皇子と施基《しき》皇子の姿もあった。皇后（後の持統天皇）も同席した。

「きょうここで、お前たちと誓いを立て、千年の後まで争いの起こらないようにしたいと思うが、どうか」

皇子たちは皆、「ごもっともでございます」と声を揃えた。まず、草壁皇子が進み出て、

「私ども兄弟、長幼合わせて十余の王はそれぞれ母が違います。しかし、みな天皇のおことば通り、互いに助け合い、争いは致しません」

と、誓いのことばを述べた。

他の皇子たちも次々と同様に誓った。皇后も誓った。天皇は、衣の襟《えり》を開いて六人の皇子たちを抱きかかえた。

〈巻第二十九・天武天皇〉

「吉野の会盟」と呼ぶ。天武天皇にとっては天下奪取の出発点への久しぶりの〝帰還〟だった。相次ぐ政治改革が軌道に乗り、ホッ

と一息ついたときだった。「端午の節句」の吉野宮は深い緑に包まれ、吉野川の流れの音が快く耳に響いていたに違いない。

吉野宮は、飛鳥――奈良時代の離宮跡らしい遺構が検出されている吉野町宮滝の宮滝遺跡付近が最有力候補地。

吉野宮があったと推定される吉野町宮滝の吉野川

吉野川は、宮滝付近で大きく彎曲、切り立った岩壁の間を行く清流は、滝のようにしぶきを上げ、深いところは青く淀む。河岸段丘上に宮滝の集落がある。昭和五年（一九三〇）、まだ橿原考古学研究所を創設する前の末永雅雄氏により発掘調査が開始され、縄文、弥生時代の遺構、遺物とともに石敷き遺構などが掘り出された。宮滝遺跡と呼ばれ、国の史跡に指定された。以後も調査が継続され、方形周溝墓、掘立柱建物跡、棚《さく》列、苑池遺構などが次々と発見された。

天武天皇には十七人の子があった。皇子だけで十人を数えた。日本書紀の記述からみて取れる皇子たちの序列は、①草壁②大津③高市、川嶋と忍壁が続いた。

天武天皇の子女たち

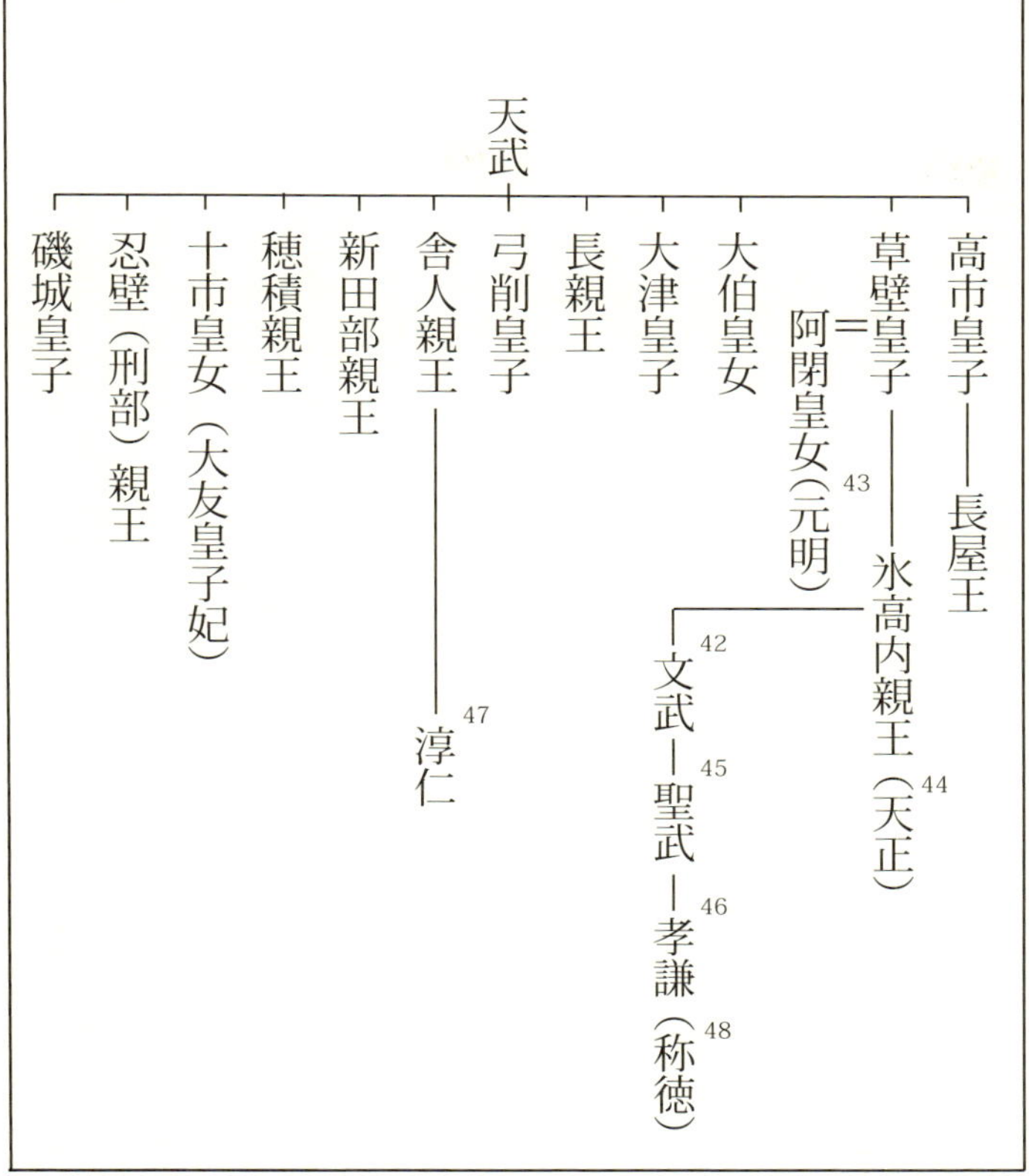

長子で壬申の乱の時にはいち早く大津京を脱出、鹿深《かふか》（甲賀）越えで大海人皇子一行に合流するなど活躍めざましかった高市皇子は、母の出自問題などもあり、序列は草壁、大津の後だったらしい。

草壁は皇后（鸕野皇女）との間に生まれた子、大津は皇后の姉の大田皇女との間に生まれた子。いうまでもなく母たちは天智天皇の娘だった。草壁か大津か、朝廷に潜在する大問題だった。

先の見える天武のことだから、不安もあったのだろう。しかし、「吉野の会盟」の翌年、草壁を皇太子にする一方で、その二年後には大津を「朝政」に参画させた。ともに政治の中枢に身を置かせる措置だった。

果断の英雄、天武の人事とは思えぬ歯切れの悪さ。天武自身〝迷い〟から抜け切れないところがあったのだろうか。


朱鳥元年（六八六）九月九日、天武天皇が亡くなった。殯宮《もがりのみや》が宮の南庭に設けられ、九月十一日から発哀《はつあい》（声を発して悲しみを表す儀礼）が始まった。

二十四日の発哀で、大津皇子が皇太子に謀反を企てた。十月二日になって発覚した。大津と共謀者三十余人がただちに逮捕された。

翌日、大津は訳語田《おさだ》の家で死を賜った。時に二十四歳。妃の山辺皇女が髪をふり乱し、はだしで駆けつけて殉死した。見るものは皆、すすり泣いた。


〈巻第二十九・天武天皇〉

〈巻第三十・持統天皇〉


「訳語田の家」は大津皇子の邸宅だったらしい。継体《けいたい》天皇の磐余玉穂《いわれのたまほ》宮、敏達天皇の訳語田幸玉《おさだのさきたま》宮跡伝承地がある桜井市戒重付近にあったといわれる。いわゆる磐余の地にあったらしい。

ももづたふ磐余池《いわれのいけ》に鳴く鴨《かも》を
今日のみ見てや雲隠りなむ

『万葉集』に収められた大津皇子の辞世。磐余池は、橿原市と桜井市が接する橿原市東池尻町から桜井市池之内にかけての谷あいが有力候補地。「訳語田の家」はこの磐余池のたもとにあったとの見方もある。

金烏《きんう》西舎《せいしゃ》に臨み
鼓声《こせい》短命《たんめい》を催す
泉路《せいろ》賓主《ひんしゅ》なく
この夕家を離れて向ふ

『懐風藻』に収められた大津皇子の漢詩の辞世である。堂々たる詠みっぷり。書紀は「詩賦の興りは大津より始まる」とも書く。

大津の才能は文筆に限ったことではなかった。書紀は「容姿たくましく、ことば晴れやか。成人後は分別よく学才に秀れ……」と伝

磐余池推定地そばにある御厨子観音（妙法寺）境内に建つ大津皇子辞世の万葉歌碑（入江泰吉氏揮毫）

える。『懐風藻』も「状貌魁梧《じょうぼうかいご》 器宇峻遠《きうしゅんえん》」。
つまり、「身体はたくましく、気品が高い」

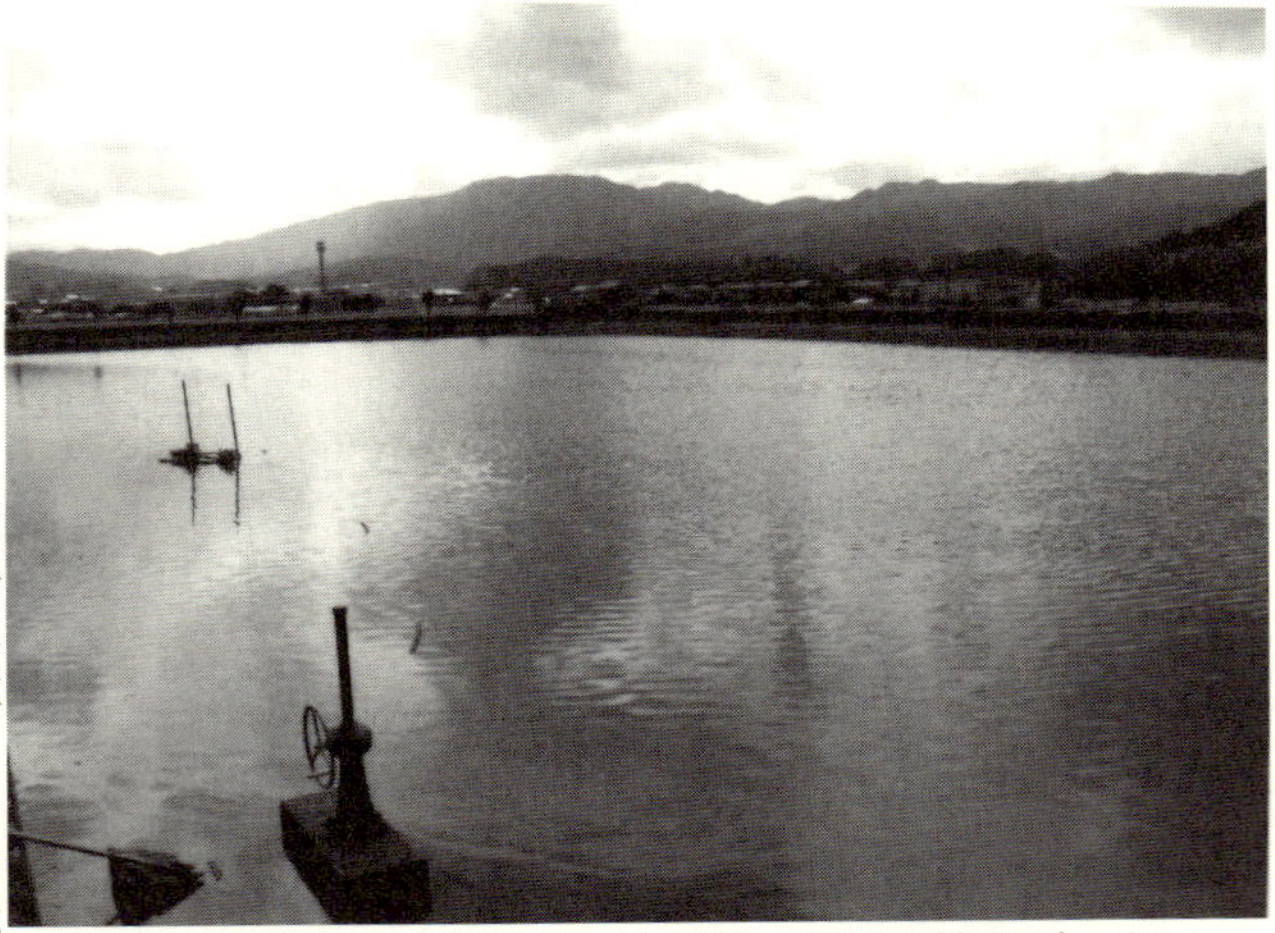

磐余池。写真の池は新しい池だが、龍門山塊をバックに背負う風景はこんなだったに違いない（橿原市より）

と賛美する。

皇位継承のライバルの立場であった草壁皇子とは恋のライバルでもあった。『万葉集』は、石川郎女《いしかわのいらつめ》に対する二人の恋の歌を伝える。

大名子を彼方《おくかた》野べに刈るかやの
束の間も吾忘れめや　（草壁皇子）

あしひきの山の雫《しずく》に妹待つと
吾立ちぬれぬ山の雫に　（大津皇子）

石川郎女の返歌は

吾を待つと君がぬれけむあしひきの
山の雫にならましものを

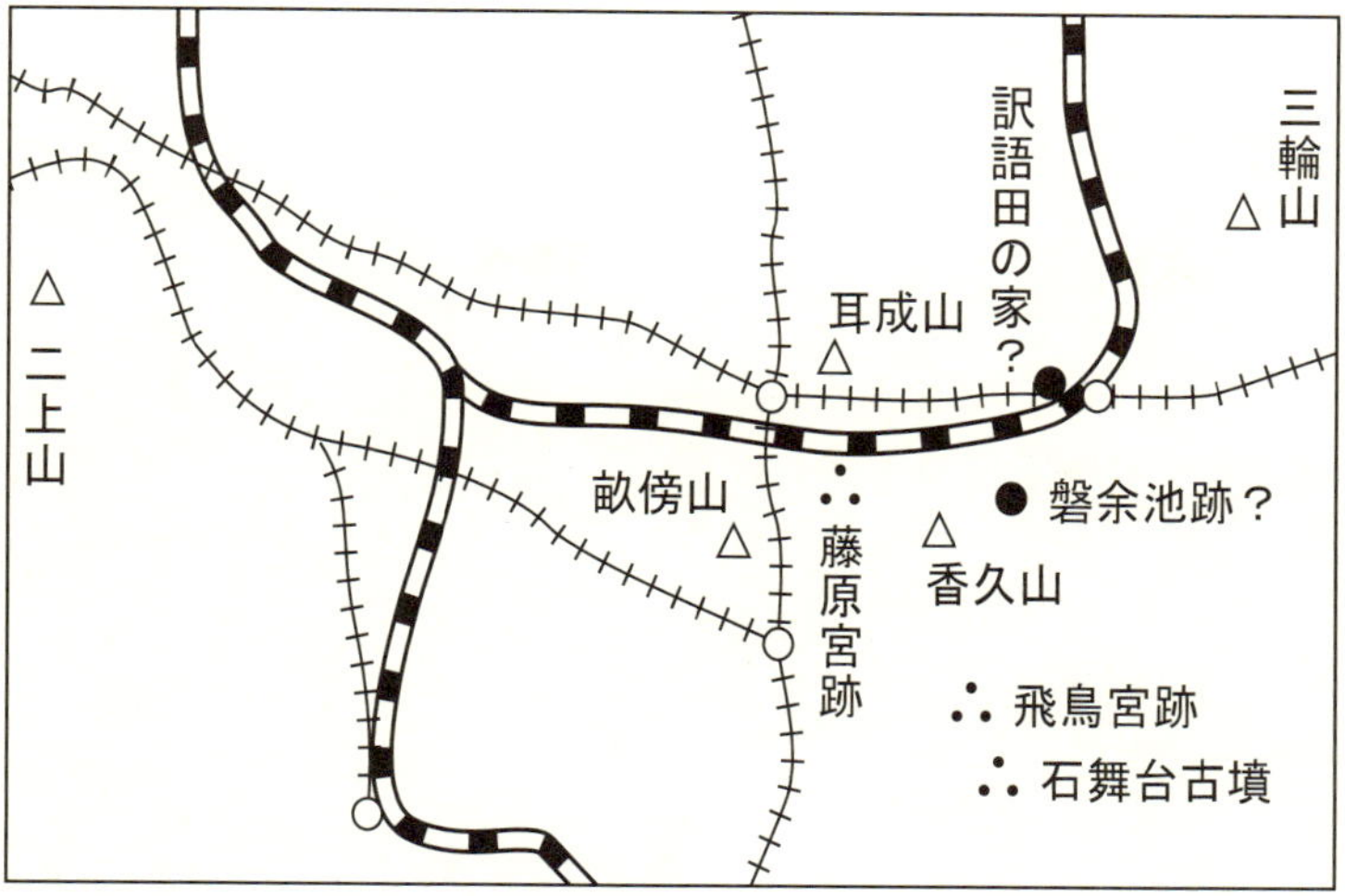

『万葉集』は大津皇子の恋の勝利を伝える。

草壁皇子は、次回で取り上げるが、大津の死からわずか二年半後、二十八歳で亡くなっている。日頃から病弱だったらしい。草壁の母、持統天皇にとって大津皇子の存在は大きな脅威だったに違いない。

大津には同母姉がいた。伊勢の斎王《さいおう》、大伯《おおく》皇女。『万葉集』には、美しく、悲しい二人の姉弟愛を伝える。

わが背子《せこ》を大和へ遣《や》るとさ夜更《ふ》けて
　暁露《あかときつゆ》にわが立ち濡れし
二人行けど行き過ぎ難き秋山を
いかにか君が独り越ゆらむ

二上山（橿原市内より）

伊勢の斎宮《さいぐう》を訪ねた大津を見送ったときの歌。恋歌そのものとの見方もある。

大伯は、弟の突然の死を大変悲しんだ。

うつそみの人にあるわれや明日よりは
二上山《ふたかみやま》を弟世《いろせ》とわが見む

「大津皇子の屍を葛城の二上山に移し葬った時」の歌、との注釈がある。「あすからは二上山を弟と思って眺めよう」。皇女の悲嘆は一三〇〇年の歳月を超えて人々の心を打ち続ける。

母・持統の期待と願い空しく

草壁《くさかべ》皇子

乙未、草壁皇子尊薨

（乙未の年、皇太子、草壁皇子が亡くなられた）

『日本書紀』はたったこれだけの記事である。殯《もがり》のこと、葬儀のことも全く触れていない。持統《じとう》天皇三年四月十三日のことだった。

ライバル大津皇子の刑死から二年半しか経っていない。草壁皇子は二十八歳だった。

持統天皇はどんな思いでこの日を迎えたのだろうか。期待を寄せ、必死になって守ってきた我が子のあっけない死に呆然としたことだろう。しかし、泣きわめくことはおろか、落ち込むことも許されない立場。『日本書紀』の編纂所に駆け込み、涙をのみ込みながら「何も書くな」と命じたのかもしれない。

なお、天武天皇はその十年、川嶋皇子、忍壁皇子らに命じて『古事記』と『日本書紀』の編纂を開始した。その編纂事業と係るとみられる木簡が飛鳥京上層遺構（浄御原宮）の外郭の東一本柱列のすぐ外側の穴から見つかっている。近くに編纂所があったらしい。木簡からは「大友皇子」「大津皇子」などの名前も読み取れた。

『万葉集』には、草壁皇子の死にあたり舎《と》

人《ねり》たちが詠んだという挽歌が二十三首も載る。

東《ひんがし》の滝の御門《みかど》に待《はべら》へど
　昨日も今日も召すこともなし

み立たしの嶋の荒磯を今見れば
　生ひざりし草生ひにけるかも

嶋宮は草壁皇子が住んでいた東宮御所だった。主のいなくなったそのわびしさを詠んでいる。

嶋の宮勾《まかり》の池の放ち鳥
　人目を恋いて池に潜《かず》かず

柿本人麻呂も宮から皇子の姿が消えた悲しみを歌い上げた。

挽歌からうかがえる嶋宮は、滝があり、荒

島庄遺跡。石舞台古墳の周辺に広がり、草壁皇子の邸宅も遺跡内にあったと考えられている（明日香村）

磯がある水の流れる庭園施設のある宮殿だった。勾池もあったらしい。勾池は、四角い池とも曲がった池とも解釈できる。

嶋大臣と呼ばれた蘇我馬子の飛鳥川のほとりの邸宅は、乙巳の変（六四五年）の後に朝廷の宮殿として利用されることになったらしい。大海人皇子（天武天皇）も壬申の乱（六七二年）で近江京から吉野へ逃れるとき、ひとまず嶋宮に立ち寄り、勝利して飛鳥に凱旋したときもまず嶋宮に入った。所在地は、明日香村島庄《しまのしょう》遺跡が最有力候補地だが、確定しているわけではない。

　橘の嶋の宮には飽かぬかも
　　佐田の岡辺に侍宿《とのゐ》しに行く

　朝日照る佐田の岡辺に群れ居つつ
　　わがなく涙やむ時もなし

　よそに見し真弓の岡も君ませば
　　常《とこ》つ御門《みかど》と侍宿《とのゐ》するかも

　鳥塒《とぐら》立て飼ひし雁の子巣立ちなば
　　真弓の岡に飛び帰り来ぬ

草壁皇子は「佐田の岡」と「真弓の岡」で殯され、葬られた。舎人たちは、殯宮にはべることになった悲しみや墳墓の前に立つ無念を、「佐田の岡」と「真弓の岡」を織り込んだ挽歌に歌い上げた。

「真弓の岡」、「佐田の岡」は、明日香村西南部から高取町にかけての丘陵地といわれる。明日香村に真弓、高取町に佐田の大字名をいまに残す。

その丘陵地の一角に、宮内庁が管理する草壁皇子の墓がある。高取町森に位置するが、佐田の集落にほど近い。草壁は天平宝字二年

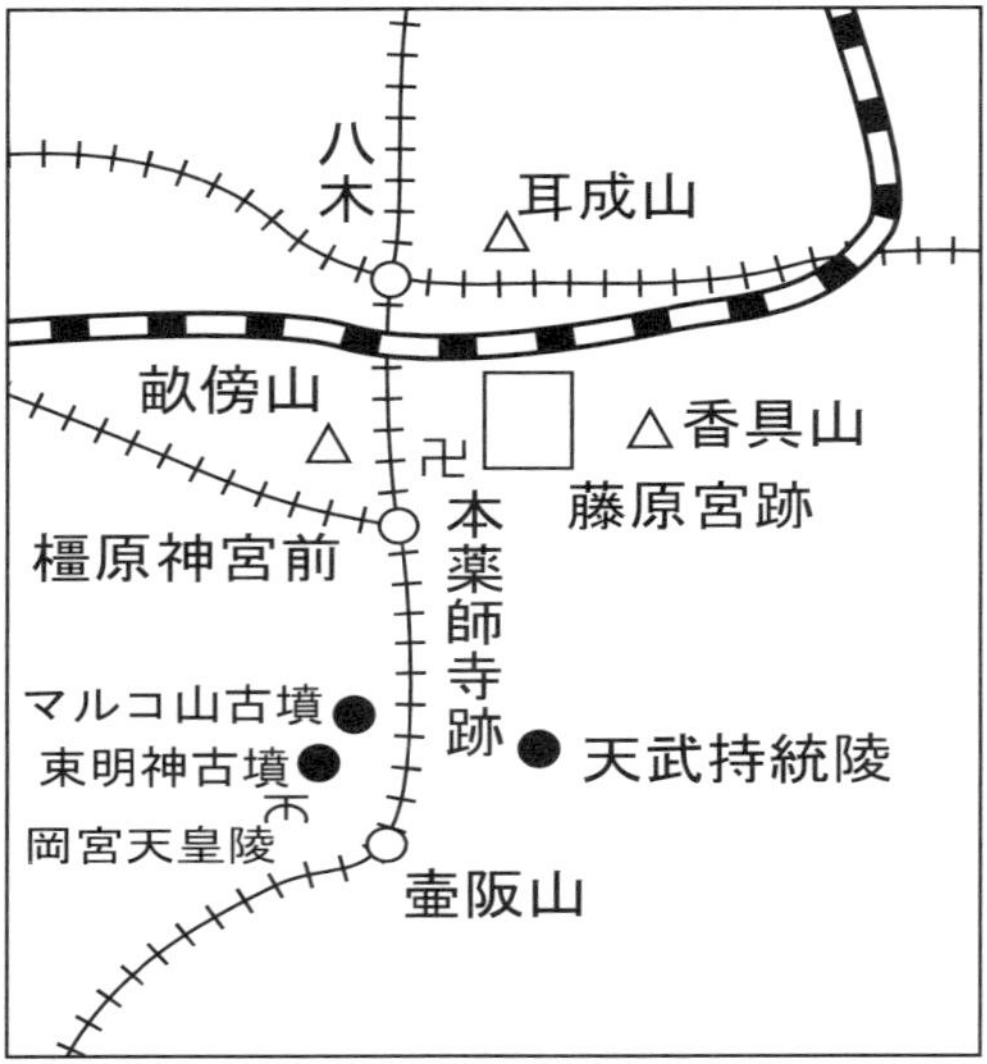

（七五八）になって岡宮天皇と追尊されたことから、「岡宮天皇真弓丘陵」と呼ばれる。

ただ、この岡宮天皇陵については、墳墓であること自体を疑う研究者も多い。

丘陵には草壁皇子墓の有力候補とされる古墳が二つある。

一つは、昭和五十三年（一九七八）、高松塚に次ぐ壁画発見への期待で大騒ぎして発掘調査が進められたマルコ山古墳（明日香村真弓）。壁画は描かれていなかったが、凝灰岩の整美な石槨は、内側全面に漆喰《しっくい》を塗り高松塚そっくりだった。木心夾紵棺《もくしんきょうちょかん》ともいうべき、布と漆《うるし》をぶ厚く塗り重ねた上等の木棺片も出土した。超一級の終末期古墳だった。ただ、出土人骨の鑑定結果は「三十歳代の男性」。二十八歳死亡の草壁とみるのはやや苦しかっ

た。

いま一つは、昭和五十九年（一九八四）に、高取町佐田の丘陵で発掘された束明神《つかみょうじん》古墳。レンガのような凝灰岩の切り石を積み上げた石室が発見された。韓国・扶余《ぷよ》にある陵山里《りょうざんり》古墳など、百済の古墳とよく似ていた。数少ない遺物の中に歯の破片六個があった。鑑定結果は三十歳前後。ワッと草壁皇子墓説がわき上がった。

岡宮天皇陵とは目と鼻の先。地元では、古くからこの束明神古墳を草壁墓と言い伝えていた、という。ところが、古墳は春日神社の境内にある。幕末の陵墓治定調査のとき、「氏神さんが立ち退かなければならないことになると大変」と、調査に来た役人にウソの報告をして今の岡宮天皇陵が決まった、と伝える。

束明神古墳石室（高取町佐田）
＝橿原考古学研究所提供＝

『続日本書紀』の天平神護元年（七五六）条に、称徳《しょうとく》女帝が紀州へ行幸の途中、草壁皇子を葬る「檀山陵《まゆみ》」にさしかかったとき、全員が馬を下り、旗を巻いた、との記事がある。称徳天皇は聖武天皇の娘、聖武天皇の父は文武天皇、その父が草壁皇子だった。称徳女帝にとっては曽祖父の墓への敬意だった。

マルコ山古墳の谷筋を経て束明神古墳のすぐ東側の峠を越える明日香村から高取町へ通じる古道がある。市尾（高取町）から巨勢谷（御所市）を経て五條に出、紀ノ川沿いに紀州へ通じる古代の「紀路」だったとみられる。

草壁皇子が亡くなった翌年の六七〇年正月、持統天皇は正式に即位した。以後、夫・天武天皇の遺志を継ぎ、我が国最初の本格的都城である藤原宮・藤原京への遷都を実現するなど、政治の面でもその才能を大いに発揮した。蘇我氏を倒した乙巳《いっし》の変（六四五年）

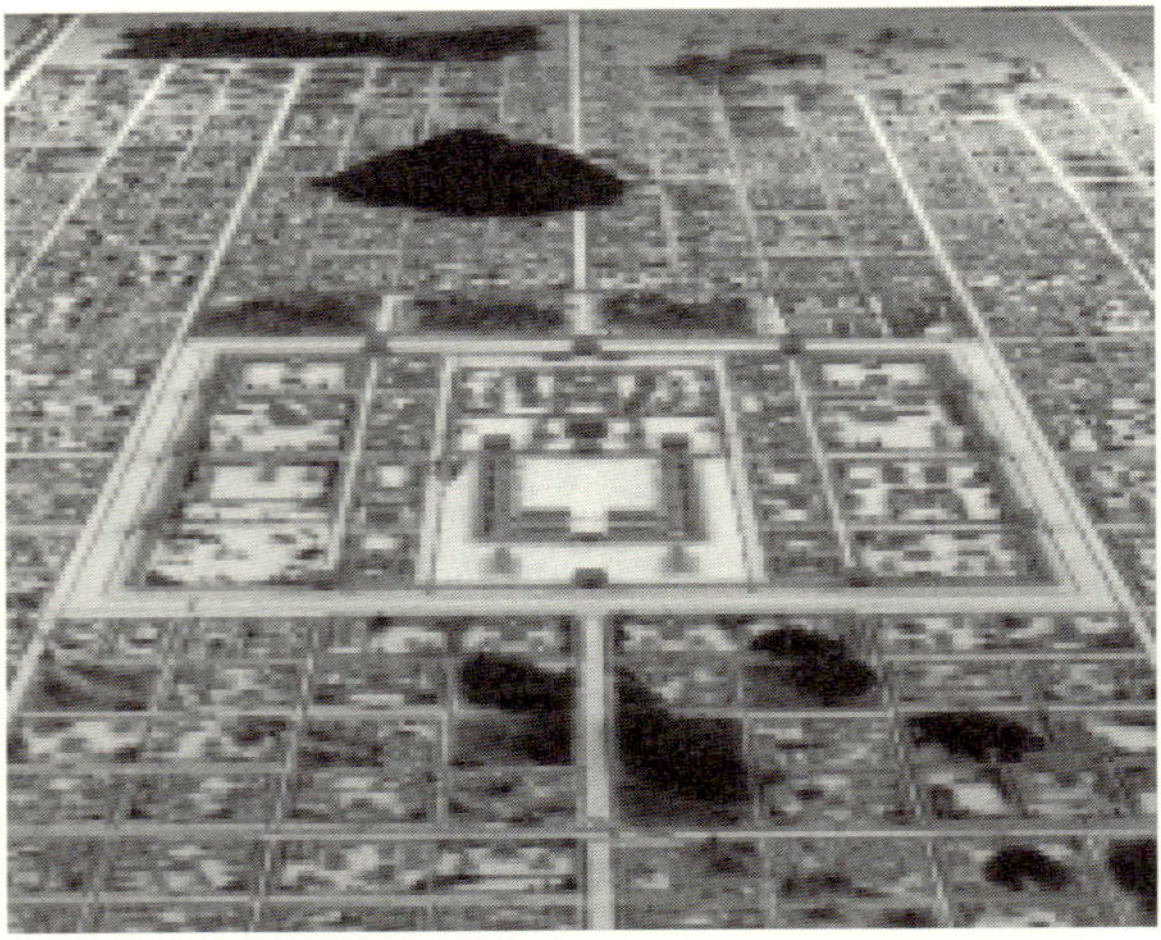

藤原宮（橿原市藤原京資料館）

以来、父・天智天皇と夫・天武天皇がひたすら追い続けてきた律令制度、つまり天皇中心、中央集権、公地公民の古代政治・社会体制は大宝元年（七〇一年）の大宝律令に結実する。

春過ぎて夏来たるらし白たへの
　衣乾したり天の香久山

藤原京で詠んだらしい持統女帝の万葉歌。堂々とした気風にあふれる。

持統女帝の藤原宮での在位期間は二年八カ月だった。持統十一年（六七九）八月一日、草壁皇子の遺児で持統にとっては孫の軽皇子に譲位する。文武《もんむ》天皇である。

文武天皇は在位十年で亡くなる。藤原宮子《ふじはらのみやこ》との間に生まれた首《おびと》皇子はまだ幼かった。草壁の妃だった阿閇皇女（天智の娘）が元明《げんめい》天皇、

藤原宮跡より香久山（手前の丘）を望む。後方は竜門山塊

また、草壁皇子と阿閉皇女の間に生まれた氷《ひ》高内《たかない》親王が元正《げんしょう》天皇となった。

元明天皇即位後三年の和銅三年(七一〇)、都は藤原京から奈良市の平城京に移った。

つまり、中継ぎの女帝を立てながら平城の京《みやこ》に継なぎ、首皇子の即位を待ったのである。

草壁皇子の孫、首皇子が即位して聖武《しょうむ》天皇となったのは神亀元年(七二四年)のことだった。大仏開眼は、それから二十八年後の天平勝宝四年(七五二)のことだった。

このあたりの正史は『続日本紀』に綴られるが、実は、「悲劇の皇子」や「悲劇の皇女」の悲劇の物語は絶えることはなかった。

【著者】

鶴井　忠義（つるい・ただよし）

1949年生まれ。奈良新聞文化記者、取締役編集局長などを経て、現在、青垣出版代表取締役、倭の国書房代表。奈良の古代文化研究会主宰。著書に『探訪 日本書紀の大和』（雄山閣出版）、『奈良を知る　日本書紀の山辺道《やまのへのみち》』（青垣出版）、『奈良を知る　日本書紀の飛鳥』（青垣出版）、『奈良の古代文化②　斉明女帝と狂心渠《たぶれこころのみぞ》』（青垣出版）など。

日本書紀を歩く①　悲劇の皇《み》子《こ》たち

2017年 9月29日　初版印刷
2017年10月11日　初版発行

著者　鶴井忠義

発行所　有限会社　青垣出版
〒636-0246 奈良県磯城郡田原本町千代３８７の６
電話 0744-34-3838　Fax 0744-47-4625
e-mail　wanokuni@nifty.com
http: //book.geocities.jp/aogaki_wanokuni/index.html

発売元　株式会社　星雲社
〒112-0005 東京都文京区水道１－３－３０
電話 03-3868-3270 Fax 03-3868-6588

印刷所　互恵印刷株式会社

printed in Japan　ISBN978-4-434-23814-7

青垣出版の本

宝賀 寿男著　　古代氏族の研究シリーズ

①和珥氏―中国江南から来た海神族の流れ

ISBN978-4-434-16411-8

大和盆地北部、近江を拠点に、春日、粟田、大宅などに分流。

Ａ５判１４６ページ　本体1,２００円

②葛城氏―武内宿祢後裔の宗族

ISBN978-4-434-17093-5

大和葛城地方を本拠とした大氏族。山城の加茂氏、東海の尾張氏も一族。

Ａ５判１３８ページ　本体1,２００円

③阿倍氏―四道将軍の後裔たち

ISBN978-4-434-17675-3

北陸道に派遣され、埼玉稲荷山古墳鉄剣銘にも名が見える大彦命を祖とする大氏族。

Ａ５判１４６ページ　本体1,２００円

④大伴氏―列島原住民の流れを汲む名流武門

ISBN978-4-434-18341-6

神話の時代から登場する名流武門のルーツと末裔。金村、旅人、家持ら多彩な人材を輩出。

Ａ５判１６８ページ　本体1,２００円

⑤中臣氏―卜占を担った古代占部の後裔

ISBN978-4-434-19116-9

大化改新（645年）で中臣鎌足が藤原の姓を賜って以来、一族は政治・文化の中枢を占め続けた。

Ａ５判１７８ページ　本体1,２００円

⑥息長氏―大王を輩出した鍛冶氏族

ISBN978-4-434-19823-6

雄略、天智、天武ら古代史の英雄はなぜか、息長氏につながる。「もう一つの皇統譜」の謎に迫る。

Ａ５判２１２ページ　本体1,４００円

⑦三輪氏―大物主神の祭祀者

ISBN978-4-434-20825-6

奈良盆地東南部の磯城地方を本拠に、三輪山を祭祀。大物主神の後裔氏族とされる。

Ａ５判２０６ページ　本体1,３００円

⑧物部氏―剣神奉斎の軍事大族

ISBN978-4-434-21768-5

ニギハヤヒノミコトを祖神とし、神武東征以前に河内の哮峰《いかるがみね》に天磐船《あまのいわふね》で降臨したと伝承。同族諸氏最多、全国に広がる。

Ａ５判２６４ページ　本体1,６００円

⑨吉備氏―桃太郎伝承をもつ地方大族

ISBN978-4-434-22657-1

吉備地方（岡山県・広島県）に大勢力を誇った古代の地方大族。大和王権とは強い関りを持ち続けた。

Ａ５判２３６ページ　本体1,４００円

⑩紀氏・平群氏―韓地・征夷で活躍の大族

ISBN978-4-434-23368-5

シリーズ10冊目。紀伊（和歌山県）を本拠とした紀氏と大和の平群氏を同族とみなす。

Ａ５判２２６ページ　本体1,４００円

青垣出版の本

奈良を知る
ISBN978-4-434-13771-6

日本書紀の山辺道《やまのへのみち》

鸛井 忠義著

三輪、纒向、布留…。初期ヤマト王権発祥の地の神話と考古学。
四六判１６８ページ　本体１，２００円

奈良を知る
ISBN978-4-434-15561-1

日本書紀の飛鳥

鸛井 忠義著

６・７世紀の古代史の舞台は飛鳥にあった。飛鳥カイド本の決定版。
四六判２８４ページ　本体１，６００円

奈良の古代文化①
ISBN978-4-434-15034-0

纒向遺跡と桜井茶臼山古墳

奈良の古代文化研究会編

大型建物跡と２００キロの水銀朱。大量の東海系土器。初期ヤマト王権の謎を秘める２遺跡を徹底解説。
Ａ５変形判１６８ページ　本体１，２００円

奈良の古代文化②
ISBN978-4-434-16686-0

斉明女帝と狂心渠《たぶれごころのみぞ》

鸛井 忠義著
奈良の古代文化研究会編

「狂乱の斉明朝」は「若さあふれる建設の時代」だった。百済大寺、亀形石造物、牽牛子塚の謎にも迫る。
Ａ５判変形１７８ページ　本体１，２００円

奈良の古代文化③
ISBN987-4-434-17228-1

論考 邪馬台国＆ヤマト王権

奈良の古代文化研究会編

「箸墓は鏡と剣」など、日本国家の起源にまつわる５編を収載。
Ａ５判変形１８４ページ　本体１，２００円

奈良の古代文化④
ISBN978-4-434-20227-8

天文で解ける箸墓古墳の謎

豆板 敏男著
奈良の古代文化研究会編

箸墓古墳の位置、向き、大きさ、形、そして被葬者。すべての謎を解く鍵は星空にあった。日・月・星の天文にあった。
Ａ５判変形２１５ページ　本体１，３００円

奈良の古代文化⑤
ISBN978-4-434-20620-7

記紀万葉歌の大和川

松本 武夫著
奈良の古代文化研究会編

古代大和を育んだ母なる川―大和川（泊瀬川、曽我川、佐保川、富雄川、布留川、倉橋川、飛鳥川、臣勢川…）の歌謡（うた）。
Ａ５判変形１７８ページ　本体１，２００円